宜家真相

SANNINGEN OM **IKEA**

藏在沙发、蜡烛与马桶刷背后的秘密

[瑞典] 约翰·斯特内博 著　牟百冶、肖开容 译
Johan Stenebo

漓江出版社
桂林

著作权合同登记号桂图登字:20-2012-197号

图书在版编目(CIP)数据

宜家真相:藏在沙发、蜡烛与马桶刷背后的秘密/(瑞典)约翰·斯特内博 著;牟百冶,肖开容 译.—桂林:漓江出版社,2014.5(2018.6重印)

ISBN 978-7-5407-6683-2

Ⅰ.①宜… Ⅱ.①约… ②牟… ③肖… Ⅲ.①家具-工业企业管理-经验-瑞典 Ⅳ.①F453.268

中国版本图书馆CIP数据核字(2013)第209506号

策　　划:刘　鑫
责任编辑:谢　阅
封面设计:Lika

出版人:刘迪才
漓江出版社有限公司出版发行
广西桂林市南环路22号　邮政编码:541002
网址:http://www.lijiangbook.com
全国新华书店经销
销售热线:0773-2583322

山东德州新华印务有限责任公司印刷
(山东省德州市经济开发区晶华大道2306号　邮政编码:253000)
开本:880mm×1 230mm　1/32
印张:8.375　字数:170千字
2014年5月第1版　2018年6月第7次印刷
定价:39.80元

如发现印装质量问题,影响阅读,请与承印单位联系调换。
(电话:0534-2671218)

作者序

理解一个真相,需要二十年

在为宜家工作了二十年时间之后,我于 2009 年新年前后离职。然而,未曾料想,我有关宜家的记忆丝毫没有隐退。过去的经历浮现在眼前,渐渐形成新的脉络和结论,最终彻底改变了我对宜家的看法。新问题总要有新答案,我现在以一位局外人的身份来看宜家,与之前所见已完全不同。有关我的前雇主真相的另一个版本现在终于大白于天下了。

我想要特别说明的是,这是我二十年来在宜家亲身经历的真相。

我要感谢史蒂芬、玛利亚、玛德琳为本书提供的帮助。感谢我在零售工厂的同事迈克尔·布拉格德和戈兰·斯威德拉斯,没有他们的建议和帮助,我将会是多么的孤立无援。同时也要感谢两位编辑比约恩·奥伯格和苏珊娜·克拉克为本书初稿所做的精彩润色,感谢丹·恩斯特律师的建议,感谢来自 Morkman AB 的马丁·琼森和欧拉·默克。最后,也是最重要的,我要感谢 Forma 出版集团的编辑人员,是他们让本书得以迅速面世。

目录

Part 2 神秘的“宜家之道”

附录

前言

发现宜家

全世界最不为人知的企业

来自阿姆霍特总部人事部的一个小个子男人,把我叫进了房间。看到他,我对宜家员工一贯的偏见加深了。只见他嘴里含着"口含烟"(snus)①,牙齿焦黄;身穿海军蓝衬衫,衬衣的领子很大;一条浅咖啡色灯芯绒吊带裤,大小并不合体;脚上蹬着一双黑色木底鞋。20世纪80年代末流行的是雅皮士风尚,他这身穿着真是与时代格格不入。当时,任何公司的白领不论职位高下,一律穿大翻领双排扣西装,配上色彩鲜艳的领带。但这种时尚看来在宜家行不通,我一边进房间坐下,一边暗自想道。

这位小个子男人拿了一份表格让我填,再用宝丽来一次成像相机给我拍照,然后问我几个简单的问题。这些问题,可以第一时间淘汰掉不合格的人选。显然,我通过了第一关。因为几周之后我接到通知,要我去瑞典赫尔辛堡的宜家总部面试。不管怎么说,我还是挺惊讶。这次面试,我得承认,我没有再穿双排扣西装,而是着一

---

① "snus"是一种原产自瑞典的无烟烟草制品,并非用来吸食。它是精细研磨的湿润烟草,以散装或类似于微型茶叶袋的小袋装形式销售。使用时置于上嘴唇和牙龈之间,不用咬也不用磨,不久就会跟吸烟一样有愉悦兴奋的感觉,一般在30分钟之后丢弃。本书脚注均为译者注。

身朴实的装束前往。但是,比起我对面的人事部那家伙,我的穿着还是太讲究了。

在这之前,我在瑞典知名零售企业奥伦斯(Åhléns)上班,但对这份工作一点也不满意。那时候还是我未婚妻的伊娃,在瑞典报纸《每日新闻》(*Dagens Nybeter*)上看到宜家的一则广告——“招募90年代的杰出人才”。伊娃用她那特有的达拉那郡(Dalarna)口音,在我耳边不停地念叨这事。最后,我拗不过她,用我父亲的IBM打字机,勉强地打了一份求职信,寄了出去。

我在瑞典乌普萨拉(Uppsala)大学读经济学专业时,经济学学者们研究的对象是电影《华尔街》里的戈登·格柯(Gordon Gekko)那一类人物,那些在股票领域翻云覆雨、定夺乾坤的金融大鳄,而不是像宜家的创始人英瓦尔·坎普拉德(Ingvar Kamprad)这样的企业家。企业家的形象跟蔬菜水果店的老板没有两样。股票经纪人开超炫的跑车、穿漂亮的西服,比木底鞋和口含烟更吸引我们。换句话说,我当时对宜家公司三心二意的,即使我已经把求职信投进了邮箱。

安德斯·莫伯格坐在我对面,我的求职信就摆在他面前。他突然一拍大腿,大笑起来:“哈哈哈,这也算是求职信吗?”

他一边笑,一边念道:“我的经济学成绩名列前茅,同时我也为人谦逊。”他嘴里满是口含烟,让我不想做任何解释。

莫伯格是宜家的首席执行官。他走进面试间,向我做自我介绍的时候,我不禁感到惊诧。一切发生得太突然,我根本没有时间感到紧张。他三十出头,高大帅气,朗朗的笑声极富感染力,一进屋便让人感觉到他的魅力。他问了我几个问题,其中有一个问题我觉得颇难回答:“零售业怎样才能做得好?”我回答说,零售业的成败,主要取决于物流功能的强弱。公司的人事部经理简-埃里克·恩奎斯特(Jan-Eric Engqvist)当时也在场,他后来才告诉我,莫伯格是如何从数千名申请人选中看中了我的。

这时,莫伯格微微把头一偏,身体前探,用手指着我,说:"哈哈,你小子很厉害啊!把你派到德国去!"他的笑容像是被烟草熏染过,始终挂在脸上。

这是不是好消息呢?我当时并不知道。但我心里很明白,我被录用了。

"简-埃里克,"莫伯格对恩奎斯特说,"约翰能不能不做安德斯的跟班?"他说的这位安德斯是安德斯·代尔维格,那时还是莫伯格和英瓦尔两人共同的私人助理,后来接替莫伯格做了十年的首席执行官,于2009年8月31日离职。

发现你不知道的宜家

事实上,我并不知道这便是我后来二十年漫长旅程的开始。我将深入宜家公司内部,亲身体验宜家非凡的商业成就——二十年里,宜家营业额从250亿瑞典克朗,增至2500亿瑞典克朗;雇员人数从30000增至150000;门店从主要集中在北欧的70个,发展到遍及全球的250个。宜家的发展史,无疑是当代瑞典最伟大的商业传奇。

我在宜家做过各种各样的工作:出任德国瓦劳分店的家具部经理、瑞典赫尔辛堡分店业务部的客厅销售主管、英国利兹分店项目经理,后来任门店店长;在阿姆霍特的瑞典宜家总部(IOS)负责管理仓储、媒体和餐厅家具部;出任瑞典伦德宜家绿能科技公司(IKEA GreenTech AB)总经理。90年代中期有三年时间,我接替安德斯·代尔维格的工作,成为英瓦尔·坎普拉德和首席执行官安德斯·莫伯格的私人助理。由于常常二十四小时与他们待在一起,我和他们两人建立了密切的工作关系。这期间,我也负责集团内部的环境项目、公关业务和内外沟通。

这些年来,我对宜家及其创始人有了深入的了解,有幸近距离观察宜家如何崛起,跃升为全球家居市场上最为耀眼的明星。这本书,正是我二十年来对宜家近距离观察所得。

我为何要写一本关于自己老板的书呢？这个问题问得好！是因为老板待我不好,受了委屈,所以心生怨恨,伺机泄愤？还是因为我贪财图利,想靠八卦名人隐私出书赚钱？

都不是。

那又缘何放不下宜家,去过自己的生活？原因很简单,这个公司有一些事情,一直令我难以平静。

离开宜家之后,我开始思考我的这段旅程。回想我事业生涯中的成就与挫败、与我共事的同事们、出差去过的地方——那些之前闻所未闻的地方。过去,我是“宜家家族”中的一员,英瓦尔总是这么对我们说。现在,我开始以不同的眼光去看这家公司,宜家的形象变得与过去截然不同了。我知道,是时候把我的经历付诸笔端了。

这本书描述的是我的亲身经历,或者转述了我所信赖的人的亲身经历。

世人以羡慕的目光注视宜家。多年来,这家公司在很多领域取得了令世人瞩目的成绩,而且几乎是一路坦途。或许,由于公司将环保和社会问题摆在政策的首要位置,因此,没有成为挑剔的环保部门、刻薄的新闻媒体诘难的对象。更为关键的是,宜家创始人、全球富豪榜排名第五的大富豪,非常了不起,被瑞典国民视为崇拜的偶像。他所奠定的文化基础坚实牢固,完全被公司的十五万名员工所接受。总之,宜家就像商界上空明亮的太阳,尽管这片天空时而也飘来几朵阴云,到后来尤其如此。

当然,我清楚,宜家灿烂的形象并不完全符合事实。很多时候,这个太阳美丽辉煌,但也有瑕疵。

这本书写的主要就是这些瑕疵。要了解这点,必须深入了解公司的内部是如何运作的,了解其运行机制是怎样使宜家成功的,了解决策者的态度和价值观如何创造了如此深厚的企业文化。

对大型企业及其运作方式进行了解是很必要的。事实上,这些企业也是难以深入的,而且,了解的过程常常使人陷入歧途,看不清这些社会目标和动机各不相同的商界巨擘们。不过,市场经济有其最为本质的一部分,那便是关注自身的利益。这也许是任何工业社会中唯一重要的原则。但是,要让公司关注自身利益,又不至于迷失方向,唯有在规章制度和媒体监督两方面做好工作。宜家和其他公司一样,时刻关注自身的利益。这本身并不奇怪。但是,如果宜家的商业目标对周围环境造成不利影响,便需有人探其究竟。糟糕的是,宜家虽然属于大型跨国公司,但却是世界上最封闭的企业。能够深入宜家黄蓝两色建筑物之内的记者还没有出现。同时,宜家的员工被要求宣誓保密,这也是宜家的内部活动、谋略策划等种种信息没有得到充分披露的缘由。

我的意思是,宜家今天的形象,不是人们所看到的那么简单。宜家美好的形象,是靠公司花费巨资塑造出来的。我之所以了解这点,是因为我本人就曾是其中一员。90 年代,宜家扫除了一个又一个负面新闻的影响。那时我负责公关事务、内外交流和环境事务,同时兼任英瓦尔的私人助理,他那时也是集团的首席执行官。在新闻媒体主导的社会,宜家为塑造美好形象,倾其所能,令人印象深刻,但也暗存隐忧。这些年来,财经记者们对宜家的对外形象深信不疑。这也许是因为坎普拉德高大的个人形象对他们的影响,抑或因为他们不了解其中的真相。

当然,我很清楚,英瓦尔·坎普拉德是瑞典人心目中举足轻重的偶像人物,他创造的品牌如此强大,把瑞典这么小小的一个国家推向了全世界。所以,如果我对英瓦尔说三道四,有的瑞典人即便不是怒气冲冲,也会愤愤不平。英瓦尔这个名字包含了太多的意义,他不仅仅是一家大公司的老板,他属于整个瑞典。但是,我认为,成功带来的应该是责任,而不是逃避责任的借口。记得90年代末,我和两个同事曾提出:“宜家的一切必须经得起严格审查。”当时在宜家内部,这种提法是前所未有的。这就意味着,对待公司里的某些问题,比如使用童工,我们必须坚持毫不妥协的立场。尽管那时,宜家本身并不怎么存在童工的问题。但是,印度半岛上却有童工,像奴隶一样在极其恶劣的条件下生产宜家的产品配件。对此,英格卡控股有限公司(INGKA Holding B.V.,所有宜家集团所属公司的母公司)的董事们却普遍认为:“儿童在工厂干活总比沦落色情场所要好。”

我还想指出一点,宜家的信息策略和环保策略,即被《新闻周刊》(*Newsweek*) 称之为“宜家不粘锅”的策略,是唯一一次对宜家认真调查的直接结果,源自瑞典电视台迈克尔·奥尔森(Mikael Ohlsson)创建的一档节目,名为《圣诞老人的工厂——宜家后院》(*The Workshop of Father Christmas - IKEA's Backyard*),从1997年开播。他的那帮记者很有能耐,很会挖掘新闻,引得宜家大大小小的经理们都痛恨他们。尽管如此,他们的调查结果对宜家的环保策略和物流策略产生了至关重要的影响。

直到今天,宜家大部分有关采购和环保的策略,已经把人文关怀放在最根本的位置上。不过,还远远不够。别的大公司经营开放、策略透明,英瓦尔·坎普拉德和他的宜家也可以做到这一点。一个无所隐瞒的人,也就无所畏惧。

他是一个无所隐瞒、无所畏惧的人吗?

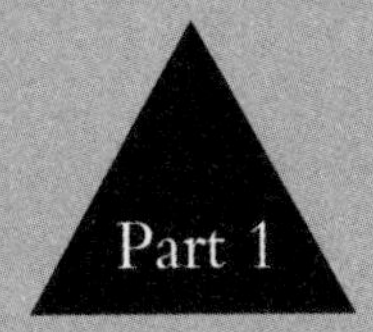

宜家之王坎普拉德

Chapter 1

宜家的成功之秘

简单就是美德

报纸和书籍总是长篇累牍,描述宜家非凡的成就。大学的商学课程中,宜家成了教科书必讲的典范。很多人都在寻找一个问题的答案:“为什么宜家如此成功?”当然,我知道该如何回答这个问题,我知道宜家是如何一步一步,越走越辉煌的。我的认识基于我二十年来在宜家各个部门的工作经验,既经历了辉煌的成功,也经历了惨痛的失败。

简单就是美德

英瓦尔有一句名言:“简单就是美德。”这是宜家成就事业的关键。他时常说,只有平庸的人才使用复杂的方法解决问题。简单,也是我思考宜家现象的方法。哪些因素对宜家产生了至关重要的影响呢?

首先就是英瓦尔·坎普拉德。坎普拉德是一位天才,创造了宜家的大部分产品。第二,是宜家的运行机制。宜家的运行机制是英瓦尔和他的团队创建并完善的全球价值产业链,涉及从森林到顾客的各个环节。第三,是宜家文化。英瓦尔创立的宜家文化使宜家机制得以快速而准确地发挥其功用。

Chapter 2

坎普拉德

要了解宜家，首先就要了解宜家的创始人。他究竟是什么样的人物呢？

当纳粹案底曝光时

1994 年 11 月，在丹麦赫尔辛基南部哈姆博柏克（Humblebæk）小镇的柯勒斯庄园（Kölles Gård）发生了一件事。柯勒斯庄园和周围的客店一样漂亮，坐落在一片怡人的景色之中，离厄勒（Oresund）这座海滨城市仅一步之遥。坎普拉德于 70 年代买下了这片房产，当时他为了规避瑞典的高额税赋而转移到了丹麦。宜家集团的董事会驻守在此已经十多年了。

日光渐暗，黄昏将至。寒冷的海风吹拂着柯勒斯庄园和周围开阔的草地。正值晚秋时节，山毛榉落叶在风中四处飞舞。唯一不同寻常的是，庄园树篱外边，停了一排又一排的车。记者们三五成群，围在大门外面，密切注视着庄园内的动静。摄影记者们举起手臂般长的镜头，对着一扇扇窗户，闪光灯此起彼伏，将这栋建筑物的正面照成杏黄色。除了几个窗户有灯光，整栋建筑漆黑一片，仿佛空无一人。

在庄园内温暖的房间里,坐着宜家的首席执行官安德斯·莫伯格。他像往常一样冷静,但脸色苍白,显出事态的严峻。桌子边围坐着一群人,在紧急磋商。他们必须讨论出一个明确的立场,以应对突如其来的危机。而几天前,大家对此还一无所知。

没有人想到会有这种事情发生。原来,有媒体公开抨击坎普拉德,谴责他曾经是纳粹的支持者,四五十年代曾是瑞典新纳粹运动的成员。此刻,英瓦尔和他的助理斯塔夫·杰普森(Staffan Jeppsson)正在另一个房间绞尽脑汁,想找到处理这场危机的对策。

《瑞典快报》(*Expressen*)登出这条独家新闻之后,消息就像野火一样在全世界熊熊蔓延。

安德斯·莫伯格和宜家的管理层围坐着,整个房间的空气仿佛凝固了。只听见有人说:“要是英瓦尔应付不了局面,找不到解决的办法,情况持续恶化下去,我们就只有断然与英瓦尔划清界限。”

有人开始放出狠话了,这话就像瓶子里的妖怪,凶狠地跑了出来。一切似乎已经无法逆转。

到底是谁在发话,具体又是怎么说的,我并不清楚。但掂量掂量它的意思,是很沉重的。这事就这么口口相传了下来。我是从安德斯·莫伯格那里听说的。难道这还不清楚吗?英瓦尔·坎普拉德不能再与宜家划等号。宜家的意义已经超越了它的创始人,尽管他对这个公司的发展举足轻重。事实上,一旦英瓦尔严重威胁到公司的安危,他便会被抛到一边去,甚至被废黜,就像废黜犯了错误的君主。

关键时刻,英瓦尔来了个一百八十度的大转弯。他决定公开全部事实,坦承一切,请求得到所有员工,尤其是犹太后裔员工的原谅。英瓦尔就是这么一个人:能言善道,言辞恳切,令人心悦诚服,绝对不会让人失望。这个事件基本上以这种方式得到了一个了断，只是后来为媒体津津乐道了好长一段时间。

前进动力：为了得到他人认可

很多人都很好奇，英瓦尔不断向前迈进，是什么力量驱使着他殚精竭虑、鞭策自己？答案就是，他天性如此。

官方说法是，他一直想向世人证明他的观点——“美丽的家具不一定是昂贵的”。这种说法，如果说不上曲解，也可以说是误解。其实，他的一切都源于自己强烈的需要，需要得到别人的认可，仅此而已。他想向世人，也向他自己表明，一切不可能的事情都是可能做成的。和他工作过的人就知道，他总是想给别人一种印象——他这人有许多弱点。这一点在他身上显而易见。他不太在意媒体上知名人士的评论；相反，他总是从实际出发，制定策略，建构宜家文化根基。他要求宜家绝不吹嘘，而是让结果来说明一切。他不断让外界认为，他反应迟钝，酗酒，还有读写困难。总之，他不是一个很了不起的人。

有一次，英瓦尔自己告诉我，他只有一个亲密的朋友，一个瑞士人，他们两人有时候结伴出行。但在我以及我周围的人看来，他的这个密友只能算一般朋友，因为他们之间的往来说不上很亲密。除了家人，他接触的其他人就是员工了，那些他花钱雇佣的人。自然，他们的友谊直接与工资袋相关。没有朋友的孤独只会更加凸显他不是什么了不起的人物。

然而，成功的事业给他戴上了各种荣誉光环，他时常与瑞典的政界要人、商界巨富、社会名流、媒体大亨在一起，这时候，他感到自己很特别，是少数几个非凡人才之一。另一方面，他其实非常看重外界对他的肯定。不过,他却不喜欢自己的属下在媒体面前抛头露面。安德斯·莫伯格经常会征求我的意见,问我他该不该去接受媒体的采访,会不会抢了老板的风头,坎普拉德会怎么想,等等。如果我稍显犹豫,他就会拒绝媒体的邀请。他是不愿冒风险,让老板不高兴的。

如何听,员工才会说;如何说,员工才会做

我刚来哈姆博柏克的宜家集团董事会上班时,有一天英瓦尔也在办公室。一般他如果不是在外出差,就是在瑞士陪伴家人,或者偶尔到他在法国买下的葡萄园度假。总之,英瓦尔很少来办公室。安德斯·莫伯格看见老板来了,赶紧上前打招呼。莫伯格的表情和平常我见到的有些不同:自信果断、踌躇满志荡然无存;相反,只见他半张着嘴,双眼紧紧盯着老板,随后又紧张地笑一笑,一脸敬畏的神情。我感到内心一下子变得诚惶诚恐起来。莫伯格这样的大人物都对坎普拉德如此敬畏,何况我一个小小的助理。此后一年多的时间里,我对坎普拉德敬畏有加。直到后来,我渐渐发现他其实也没有那么可怕,不仅如此,还和蔼可亲。

1996年初秋,在阿姆霍特的瑞典宜家总部布拉斯潘(Blåsippan)举行了产品周,即所谓的“宜家盛典”。

作为英瓦尔的私人助理,我紧紧跟随他,看了一个又一个的产品方案展示。这一周是一年工作的顶峰。每个产品方案的汇报展示有两三个小时。先由产品负责人陈述汇报,大家再对其方案进行评判鉴定,最后决定是否通过该方案。

我和英瓦尔见识了一个产品方案,可以说是这一周来最糟糕

的。英瓦尔对我说:“我好久没有见过这种垃圾了,约翰!还有比这个更愚蠢的东西吗?简直太令人失望了!”

这个小组的任务是协助消费者在家里完成废物回收。结果,他们设计的产品就是一个绿色的浴盆和一个白色的浴盆,而且还是塑料材质。他们把产品展示出来的时候,大家觉得看不下去。在随后的简短讨论中,他们论证的理由完全不能让人信服。英瓦尔提了几个问题,看了看相关资料,最后礼貌地对他们说了句谢谢,接着看后面的方案展示。只是在回家的路上,他坐在车里的时候,才表达出了他内心真实的感受。

这种场合,英瓦尔的领导才能展露无遗。我还没有遇到过比他更有耐心的人,也没有见过像他那样善于感知自己对周围人的影响,并以此驾驭别人的人。他非常聪明,总是站在后面,让别人去说,尽管他并不喜欢他所看到的一切。有时候,他也谈他的观点;有时候,他只是放手让别人去讨论。一个方案时常要讨论很多天,甚至是好几年。他似乎总是清楚自己应该何时介入,作出决定,以便使大家沿着正确的方向前行。一个典型的案例就是所谓的“通用家具系统”(Multipurpose system,简称为MPS),这个方案拖了三十年之久,其间,也搁置了好多年。

早在70年代,英瓦尔就开始构想这一方案,希望将厨房、卫生间、卧室和客厅家具的标准规范化。但直到1996年,他才开始重新积极地推动这一方案的落实。其原因何在?因为宜家刚刚经历了一场结构重组,原本负责产品研发和采购业务的瑞典宜家成为公司的权力核心,瑞典宜家的负责人成为新的领导人。一些表现不佳的经理被迫离职,由内部的资深经理取而代之。坎普拉德希望把他思考已久的“通用家具系统”重新提上议事日程,看看这批新的领导人会有什么样的想法。

类似的事情也发生在1995年。当时英瓦尔正在考虑通过中国制造商,生产一种新型的照明产品,既便宜又节能。于是,他鼓励手下的人(当时全是清一色的男士)去中国寻找这种灯泡。最后,他们果然找到了这种灯泡,比竞争对手的价格便宜90%。这段故事成为宜家历史中的又一段佳话。整个过程中,坎普拉德所做的,只是和他们一起讨论问题,倾听他们的意见。他有时候甚至是放低姿态,恳请他们“各位真是聪明,请问可否……这事能不能……”等等。

我可以十分肯定,英瓦尔对他自己提出的多数问题,其实都是知道答案的,至少他会想得出答案。比如,他或许早就知道,他们应该找哪家供应商,但他那一本正经的脸却让人看不透。这样一来,这帮人以为是自己解决了难题,感到无比骄傲兴奋。看起来,英瓦尔对自己的员工如此慷慨大度,显得有点奇怪,因为他本人非常喜欢得到所有人的关注,尤其是在媒体面前。但英瓦尔也是一个很复杂的人,充满矛盾,要真正了解他并不容易。

一般情况下,英瓦尔自己除了提供构想,不会做具体的事情,但他会鼓励宜家负责产品研发的重要人员去落实。他认为,只要找对了人,总会做出成绩的。

他经常会做的另一件事情,就是开玩笑,尤其是在审查产品方案的时候。他会说一些讽刺挖苦的笑话。不过,他最常挖苦的,是他自己。很多时候,他都不会失礼,只是制造一种轻松愉快的气氛。也许,并不是所有人都能理解他那种令人招架不住的玩笑,不过许多员工都觉得他这人很有幽默感。

有一回，英瓦尔和大约二十来人讨论产品方案。他有个问题想找人问问。

他故意把声音拖得老长："博斯，博斯，你在哪儿啊？"

包括博斯在内的所有人都还没反应过来，他又喊了起来："他是不是溜回家了？好啊，那他可是犯傻啦！"

大家都被逗得乐了起来，看着被他取笑的人。博斯满脸困惑，也被逗乐了。

英瓦尔还不肯就此罢休，故作惊讶地说："喔，亲爱的博斯，原来你还在这里啊。你能够和我们待一小会儿真是太好了！你瞧，我们正在看你的产品方案呢。"

如果只有他和另一个人在一起的话，他的幽默感会变得辛辣起来。有一次，来了一位资深的产品开发商，介绍了他自认为别具创意的咖啡桌。大家看完并离开后，留下我和英瓦尔。他对我说："哎，约翰，我看别具创意的只有他的大胡子。"

幽默感是坎普拉德领导能力的一方面。他只是在他认为合适的少数人，比如布拉斯潘那帮子人中间开玩笑。他绝不会在研究采购战略的会议上和经理们开玩笑。他在这点上是做得很聪明的。

有时，某方商务代表们正在兴头上时，会稀里糊涂地向英瓦尔做出过多的承若，而产品开发商们、经理们、采购战略负责人对其后果是很清楚的。这时，英瓦尔会突然冒出一句话来："圣诞前就把新样品弄出来，怎么样？"

毫无疑问，这句话让在场的每个人都愣住了。随后，大家才明白他的无理要求其实只是句挖苦的话。一件新产品要有两到三年的时间研发,而产品展示周定于每年九月,也就是说按他的要求,研发团队要在两三个月的时间内完成两三年的任务。不过,善于察言观色的人则明白这不是幽默,而是英瓦尔喜欢的一种表达方式。

但是,如果换了宜家产品研发人员,听英瓦尔这么一说,就承诺立即把样品弄出来的话,坎普拉德就会马上用家乡斯莫兰①腔,冷冷挖苦道:“现在,人们虽有本事飞上月球,但一个不到五克朗的咖啡杯,还是做不出来。”

遇到争论不休的话题时,英瓦尔从来都不知疲倦,常常提出绝妙的见解。宜家的事情,无论巨细,他都一一了然于心。从材料、价格、生产、设计到商业运作,他几乎无所不知。他可以从玻璃的质量这样最细节的话题说起,再说到原材料、材料价格,最后说到产品开发和原材料采购的决策。然后,又往回再说一遍。他能够从细节到方针,从方针到细节,来回折腾,这一点,谁也做不到。七十年的从业经验,让他无所不知。但是,和人辩驳时,他则常常采取商讨、试探的口吻,总能使讨论深入下去。有时候,他会明确地采取一种立场,故意激怒参与的人。第二次开会时,他可能会突然改变原来的立场。因为,他想听听别人有什么不同的意见。

要是有人坚持己见,难以说服,他就把问题抛给部门责任人,让他们负责讨论。一旦讨论起来,英瓦尔总是让讨论一个小时接一个小时地持续下去,弄得大家吃不消。有想出去方便的,有想找东西吃的。但英瓦尔却一点不累,站在大伙中间,十指交扣,放在胸前,满身口含烟的味儿。他认真倾听着,不断提问、反驳,反复纠缠于细

① 斯莫兰(Småland)是瑞典南部的一个省,是宜家创始人英瓦尔·坎普拉德的故乡,也是宜家发家之地。“Småland”在瑞典语里意思是“小城镇”,这里拥有茂密的森林、丰富的砂石,以盛产水晶出名,也有宜家发展得天独厚的杉树木料。

节。别人反驳他,争得面红耳赤,他也从不发火,仍然逻辑清晰、思路敏捷。

此外,他的脑子真是太神奇了,储存的信息之多令人吃惊。各种会议出席的人员、讨论的内容他都记得清清楚楚。他竟然记得住在产品展示周接触过的每一个人的名字,了解他们的背景,如果哪个人的信誉不好,他更是不会忘记。好几次,我听到他引用几年前的会议陈述内容,几乎是逐字逐句引用原话。

这就是坎普拉德非凡的领导才能,也是他之所以能够掌控宜家的原因。尽管全年里他只是在产品展示周与大多数人见面,但公司还是朝着他所期望的方向在运行。尽管不可能完全是他所期待的,但方向是正确的。

无往不胜的经验法则:“热狗策略”及其他

宜家的采购机制,是由英瓦尔掌控的。大多数重要的地区,他都会亲自去,直接深入工厂,了解宜家的工人、宜家的供应商。每年,根据调研的结果,召开几次采购战略会议,制定出采购战略、采购方案以及产品投资的所有决议。与会者除了担任主席的集团首席执行官,还有英瓦尔以及他三个儿子皮特(Peter)、乔纳斯(Jonas)和马赛厄斯(Mathias),瑞士宜家的总经理、集团的第二号人物索比扬·洛夫(Torbjörn Lööf),宜家现任采购主管亨里克·艾尔姆(Henrik Elm)和他的直接上司戈兰·斯塔克(Göran Stark,他负责整个宜家的价值链),Swedwood国际公司(Swedwood AB)董事会主席布鲁诺·温伯格(Bruno Winborg),以及这些人物的助理。会议将审议与采购有关的一切决策,包括原材料价格、产品的研发和生产、各个地区产品的主要趋势等等。会上,由采购人员、采购战略负责人或者某个运营点的责任人做简要汇报。因此,这不只是高层董事成员的会议,而且是为懂行的木材采购人,或者类似的专家召开的,他们需要将自己观点和建议,利用白板、Powerpoint 等方式呈现出来。

在这个管理者和专家的会议上,英瓦尔起着主导的作用。他随时都表现出超群的记忆力,可以随口报出原材料的价格以及汇率,不假思索就能进行木材体积单位之间的转换,比如,将原木换算成板材,或者从波兰兹罗提[①]换算成美元。当然,他将其他货币换算成瑞典克朗更是神速。

举例来说,俄罗斯松木在波兰就地切割、胶接、加工,在瑞士的店铺出售,会耗费多少成本?只要几秒钟,他就可以凭记忆告诉你答案。这里,不但要了解三种货币的汇率(以当日价格为准),还需要了解四条边境之间的运输路线和价格、三种不同生产方式、俄罗斯和波兰的劳动力成本,以及每个加工工序的成本。要是用同一问题请教一位脑子灵活的林业办公室官员,他准会花上几个小时来计算。但是,我发现,英瓦尔不仅精通木材的各种报价之间的换算,而且还对玻璃、棉花、泡沫塑料、石油或者白银的价格换算也相当在行。他似乎熟知各种原材料、各种生产程序,对跟宜家有直接或间接关系的市场结构也了如指掌。每一次我听到他计算报价,我都会觉得无比惊异。但他的这种才能并不是用来炫耀的,只是引导大家进行深入讨论,或者使讨论走上正确的轨道。

凡是与采购、物流和生产有关的事,英瓦尔都有自己的经验法则。这些经验法则都是他多年来向专家请教的结果。他本能地信

---

① 兹罗提(Zloty),波兰的官方货币。

赖专家,因为他们知识渊博,说话直截了当,秉性正直,不怕和他争论。在与他们的相处中,他往往会收获新的经验法则。比如,乌克兰地区每英亩地能种多少棵树,每根山毛榉原木能够加工多少平方米的块料。还有一个例子体现于商场促销品中所谓的"热狗"商品——绝对低廉的产品,售价在5到10克朗(约合三元多人民币)。一个咖啡杯的售价是5克朗的话,就应该做到:1.5克朗的工厂生产费用,1.5克朗的宜家收益,1.5克朗的税收。实际的运作更加复杂,但恰恰这就是宜家如何售卖这些"热狗"产品的策略,也是各种产品设计和生产的基础。人们在宜家购买成千上万的各种产品,它们低廉的价格是宜家的竞争者无法承受的。宜家商场售卖的这种产品,的确只能收回成本,毫无利润可言。但是,他们却在采购和配送环节赚了钱。

的确,在采购战略会议上,英瓦尔更加直截了当,不留情面。但他很少一锤定音,决定一切,因为他完全具有那种魄力和影响力,以便使宜家朝着他所希望的方向前进。同样,也许不完全是他所想要的,但却朝着正确的方向。

了解实情的"基层策略"

大多数人觉得难以理解的是,英瓦尔是如何让这么大的一家公司协调一致的。

答案很简单,他以身作则,为大家树立榜样。每到一处,他都会反复提到他和德国分公司某个部门主管讨论了什么事,或者引用和某个供货厂方老板的谈话,要不就谈起与中国某商场的同行的交谈。他常会引述员工的具体想法、观点和问题。这种深入工厂车间的策略、深入真实环境的实地考察是非常精明的。对来自于真实情况的见解,阿姆霍特的产品研发员不会表示异议,西班牙的零售商也不会表示反对。不管是涉及产品的价格、质量、功能或者产品的整套组合,还是关于物流困境,情况都是一样的。

此外,这种深入基层实地考察的策略之所以成效显著,还因为它给英瓦尔了解宜家整个价值链提供了非常详细的概貌。他沿着公司的价值链从上游到下游,进行了具体的探索,从林业到商场,再从商场到林业。他因此能够在早期发现问题,无论是方针政策上的,还是具体细节上的,以防患于未然。因为提前解决问题,无须等到事情闹大,产生的费用也不至于太大。这样一来,他总是高人一筹,驾驭着整个宜家机构的各个部门。

以灵活方式实现理想方案

很多实例说明,英瓦尔对于想达到的目的,其实早就心中有数,但他却采取多种多样的办法来得到他希望的结果。最近有一件事很能说明这一点。英瓦尔是这样告诉我的:在瑞典和芬兰边境有一个叫做哈帕兰达(Haparanda)的地方,当地的一位社会民主党议员向他提出建议,希望开设宜家分店。他一听便觉得是个好主意。可是,他和总部谈到这事时,没人愿意到哈帕兰达去开店,尤其是瑞典宜家总部的人。一般在哪个地方开设分店,是由那个国家的总店来做决定。

为此,英瓦尔和瑞典宜家总部的执行官们见了好几次面。他们不但反对,还开始教训这位八十多岁的老人,批评他的疯狂想法。还说,即使开店也应该在离边境更远的律勒欧(Luleå)城。我还从没见过瑞典宜家总部,或采购集团,或任何国家的任何地方的员工如此公开地反对其创始人的意见。

然而,根据销售预测,律勒欧还不如哈帕兰达。况且这些年,宜家在世界各地总是建小店,后来为了满足需求,又不得不斥巨资扩建。现在律勒欧又要开小店,英瓦尔当然更生气了。不过,他并没有在会上表露出来。若是他对执行官员们暴跳如雷,哪怕就那么一次,其后果也是难以想象的。他们会惧怕他,而且恐惧会像海浪一样,不断扩散变大,进而毁灭一个集团的创造力。同时,这样做无异于向所有宜家的员工昭示,宜家的创始人可以大发脾气,宜家的管理作风可以武断无礼。

因此,英瓦尔最后对集团的执行官们是这么说的:"亲爱的朋友们,求求你们,就算帮我这个老人一个忙,在哈帕兰达建一个店吧!建一个有规模的大店!"

他很聪明地提到了他年事已高。意思是我已经时日不多了,请答应我最后的心愿吧!紧接着,他与不同层次的关键人物一一见面,讨论他的"心愿",并请求每一个人:"亲爱的,你能答应我……吗?"答应了老板的事,就要说到做到。就在英瓦尔把嘴里的烟草吐进废纸篓,迈出办公室那一刻,很多他约见的人就赶忙打起电话来,接电话的正是那帮对老板的建议支支吾吾的讨厌鬼。接到通常是来自高层的电话后,那些"得罪老板的人"压力就增大了,他们必须做出"正确的"决定。不过,施加压力的人对老板找过他们一事,只字不提。因为,宜家这些经理们很清楚,这种事情,如果提到来自高层的压力,是很不恰当的。

结果,哈帕兰达的店开了起来,是一个规模很大的门店。不仅如此,销售情况非常成功。除了英瓦尔之外,没人料到那个店的客流量竟然需要用百万来计算!由于该店处于与几个国家相邻的边境上,顾客除了瑞典北部的瑞典人之外,还有俄罗斯人、芬兰人和挪威人,这三个国家的人到商场的距离都是差不多的。

值得一提的是,宜家的几位执行官们就此事一开始就拒绝了英瓦尔,没有给他一点商讨的余地,英瓦尔为此纡尊降贵过。不过,这事他从不再提。相反,他选择了运用策略行事,以便让宜家得到最好的结果。有时候,他不是很在意自已的面子,如果争辩中听到更好的建议、更实用的主意,他会一边微笑,一边投来探寻的目光,并改变自已原来的想法。对每个有好点子的人,他都想了解。

为什么全世界的宜家都风格如一?

巡察分店,是英瓦尔给自已定的任务。这么多年来,正常情况下他每年要视察四十五家店。不过在我写这本书的时候,就我知道的情况来看,视察的商店数目要少一些了,毕竟,他已有八十三岁的高龄,而每次在外就得花上一天的时间。当然,他勤于视察分店的目的,还是了解不同产品的市场销售情况,同时,也想知道不同商店对同一产品的营销情况。同时,他把视察分店视为一次机会,来传授自已认为最好的商业理念。

他大半生都在经商,非常了解商店的经营理念,而这些理念很多时候不是被违背,就是被忽视。90 年代初,他看到了很多这种例子。他给当时的首席执行官安德斯·莫伯格提建议,迫使他提出“莫伯格规约”,尽管莫伯格本人并不乐意。我猜想,他不愿接受的原因是,在此之前,各国的宜家店拥有完全的自主权。最终,在坎普拉德的坚持下,莫伯格屈服了:在 A4 大小的纸上,列出了五十条左右的“莫伯格规约”。

新店不断增多,商场管理人员增加,各个地方的莫伯格规约也不尽相同。北欧的店里,货品摆放的空间比较宽松,相对更加开放宽敞,方便顾客逛店选货。此外,还设计了很多便捷的路径,让顾客可以快速地走到他们想去的区域,不必就为买几个咖啡杯,逛遍整个商店。而这是“莫伯格规约”之前不曾有过的。

90年代初的德国分店,为宜家集团贡献了三分之一的营业额。那里的商店像古罗马的地下宫殿,狭窄漫长的通道加起来足足有1.4公里,两边由高墙相夹。每到周六,商场挤满了人,肚子饿了,口渴了,累了,着急上厕所,都得走过贯穿于家具展示区域的狭长通道。遇到有促销打折的时候,吵闹甚至厮打都不鲜见。情急之下,这些可怜的人便会推开紧急出口,跑到外面,呼吸新鲜的空气。这时,尖锐的警报声也在商场里呼啸回荡。

因此,90年代中期,英瓦尔发布了禁令,不许各国的零售店自行其事。所有分店应该有统一的理念。分店的建筑以及周边配套设施的修建,应该有现存的统一标准。比如,餐厅也应该模式化,就像麦当劳一样。大到门店建筑、家具展场,小至价格标签、按钮把手之类,都应该有统一的规范。这是90年代后期发生的事。很多人都对他的限制感到惶恐,包括我在内,但后来证明他是对的。

现在,所有宜家分店都得接受商业审查(Commercial Review)。这是集团对分店的各个相关部门进行的稽查,涉及家具展示、店内卖场、内部沟通、成本控制、安保工作、后勤物流等。每项工作都有参照规范,亦即公司建立的标准化理念。

每次的稽查工作要持续几天,稽查人员都是每个部门经验丰富的业务好手。我从来没有听到过有谁对他们的工作表示不满。相反,得知瑞典的卡勒瑞德(Kållered)分店在审核中创下公司最高纪录,我和大家一样很兴奋,因为这个店在过去几年的审核中,评分一直很低,取得今天这样的成绩很让大家鼓舞。

不信任网购，丧失良机

2008年，英瓦尔再次动用了他的否决权。这次，他反对的是投资网络销售。当时，公司销售的产品种类是一个大问题。宜家有几千种产品，相比其竞争对手并不算多，竞争对手的规模一般是宜家的两至三倍。制约宜家产品销售种类的是门店销售方式，因为所有的产品都是通过门店流通。因此，宜家期望开创网络家居销售渠道，或者，可以在店内陈列产品，但是通过新的、更加灵活的配送链将产品送到顾客的家里。那些十分拥挤的门店便可以释放一些空间。这种新的网络购物技术有很多可能性，很多人对此抱着乐观的想法。

不少人提出了想法，也有人投资了很多钱进行试点研究。像宜家的竞争对手美国塔吉特(Target)①公司，正在利用他们的网站首页吸引买家。但是，当安德斯·代尔维格(Anders Dahlvig)向董事会提交网络销售提案时，却吃了闭门羹。坎普拉德在他几个儿子的鼓动下，坚持拒绝投资网购。他认为，网络主页上是可以做买卖，但却会减少来店的客人，这样便会失去一些额外的生意，比如有些商品是顾客随手挑拣的，并不一定是他们需要的东西。很难想象，尽管都进入21世纪了，他们的销售理念还是上世纪60年代的邮购思想！

那个1965年将IVAR(车库里的松木层架)摆进了起居室的伦纳特·埃克马克(Lennart Ekmark)总是这样说："最糟糕不过的事

---

① 塔吉特公司成立于1962年，目前已成为美国第二大零售商，拥有美国最时尚的"高级"折扣零售店。

情就是英瓦尔几乎总是对的。”英瓦尔很可能看到了我们其他人没有看到的某些事情。不过这次,我碰到的同事都不同意英瓦尔的看法。我觉得,他此次反对进入网络销售,是因为他年事已高的缘故。也许,他已经不像从前那样与时俱进。毕竟,这类投资风险很高。可是今天,任何部门的销售增长速度都不能与网络销售相比。

四年前,宜家在明尼苏达州的明尼阿波利斯开了一家分店,但美国宜家零售机构却没有弄清楚,塔吉特的总部也正好在明尼阿波利斯,建筑规模比宜家大好几倍。一连几个星期,他们天天就用大巴车把他们总部的人送到宜家店来。塔吉特的员工几乎每人都要在宜家店里买点什么东西。比如,小凳子每款买一件,玻璃杯每款买一件,东方格调的地毯每款买一件,如此这般,直到把各种品种都买齐全。

半年后,塔吉特推出了品种齐全的产品系列,价格相当低廉,是通过他们公司的销售网站,而非他们自己的上千个门店!不仅如此,经验丰富、精于技术的设计师一直都是塔吉特的优势。时至今日,这些产品系列已成为经典,一直是他们公司的热销品。相反,宜家美国分店的销售在前三四年中却一路下滑。

操控媒体得心应手

英瓦尔·坎普拉德善于交流、口才极佳,可不要低估了他的交际才能。他说话或者表达见解,绝对都是充分思考的结果。每问一个问题、每提一个请求、每发一个警告、每做一次评价,他都有明确的目标,都是有意而为。有人或许会称之为操纵控制。

让我来举个例子吧。瑞典有两个才华横溢的记者,一位名叫伯格斯特龙(K-G Bergström),另一位名叫伦纳特·埃克达尔(Lennart

Ekdal)。有一年夏末的午后,他们应英瓦尔的邀请,去了他在斯莫兰的波尔索(Böllsö)农庄。他俩可能会觉得英瓦尔的邀请是一种莫大的荣耀。后来,也是在一个夏天,伦纳特·埃克达尔又来到了这里。坎普拉德提议去莫肯(Möckeln)湖上划船,以便相互增进了解。英瓦尔划着船,看上去非常快活。埃克达尔坐在船尾,心情愉悦,欣赏着美丽如画的湖光山色。或许他在心里说:“瞧,这个世界上最富有的人,在和我一块划船!他还很会划船呢!他这人真令人开心!”

他这样想很自然,因为英瓦尔很会施展个人魅力,给人留下美好印象。据我所知,只有一次例外。当时电视台在拍摄英瓦尔和他的工作实况,我和时任瑞典宜家总部总经理戈兰·耶兹特兰德(Göran Ydstrand)陪英瓦尔来到乌普萨拉门店。英瓦尔走到门店收银处,想秀一手他为顾客打包商品的绝活,顾客一一向他表示感谢。但却有一个老太太,面露不悦,以为他要偷她包里的东西。“你要干吗?你是这儿的员工吗?”她的声音很大,后面排队的人都听见了。这次,连英瓦尔也手足无措了,只好尴尬地嘟哝着说:“是的,我是这里的员工。”

再回到埃克达尔和英瓦尔划船的那件事情上吧。埃克达尔坐在船尾。这时,只听见另一条船突突突,划破波光粼粼的湖面,向他们俩人开了过来。开船的人,技术高超,一个漂亮的遛弯,小船就停在了他俩的船边。

“嗨,爸爸,是你们啦?”船上的人打招呼。

“你来这儿干吗,彼得?”

“我在往湖里放笼子,想逮几只小龙虾。”然后,他转过身跟埃克达尔打招呼。

“你好,埃克达尔,我是彼得。”

事实上,英瓦尔的长子彼得·坎普拉德,这位宜家集团的继承人,在湖上遇见他父亲与瑞典最有声望的金融记者,并不是外人看来的“偶遇”。几天之后,我也来到了这里,英瓦尔对我说起了这事。

偶然事件对于英瓦尔是不存在的,有记者介入的偶然事件更是绝对不可能。结果,埃克达尔在斯马兰对英瓦尔的采访成了一次新闻采访的败笔。也许算得上一档颇具娱乐色彩的电视节目,但却根本没有新闻价值可言。

埃克达尔后来在一次专访中到他所接触过的权贵人士时,这样描述了他的那次采访:“英瓦尔·坎普拉德这人非常有趣。为了一档节目,我和他在一起待了几天,以便彼此熟悉。最令我难忘的是,我俩在他那条漏水的老旧船上,悠闲地躺在渔网上,我脚上穿着他借给我的长筒靴。后来,我们坐进他那简陋的船屋里吃梭子鱼,我喝的是啤酒,他喝的是健怡可乐。”想想看,品尝了世界上最富有的人亲手准备的膳食,吃了令人垂涎的家制美味之后,谁还会对坎普拉德刨根问底、刁难不舍呢?况且,英瓦尔的厨艺还真的很棒。

另一件事情发生在2008年夏天。瑞士电视台极有影响的新闻记者伯格斯特龙对英瓦尔进行了采访。但采访的内容平庸之极,实在罕见。英瓦尔一个人在那里畅所欲言,对他灰暗的过去、读写困难、酒瘾大谈特谈,甚至还为他那份纳粹罪行撒上几滴鳄鱼的眼泪。

这种情形下,英瓦尔通常是很能够控制局面的。所有的回答都是标准版的,精心构思之后被精确地保存在他超强的记忆之中。任何时候看他回答记者的提问,他都不会是犹犹豫豫的,或者有一时冲动之言。要是把他逼紧了,他会十分狡猾地暗中转变话题。

更糟的是,无论是伯格斯特龙,还是埃克达尔,或者其他媒体同行们,他们之所以能来采访他,那是因为他们个个性格温和,都是被精心挑选出来的。他们是来见识英瓦尔的个人魅力的。英瓦尔并非很少接受采访,每年夏末,他会与几位经过特别挑选的瑞典记者见面。事实上,他答应上《夏日》(*Sormmar*)这档广播访谈节目,是出于两个原因。一是因为节目完全免费为他的公司做宣传,二是因为他可以不受约束地随性漫谈。只要没人打断他,他的表达才能,或者操控别人的才能简直是所向披靡。

现在应该清楚了吧,英瓦尔根本就不需要什么划艇,或者夏天的牧场来蒙蔽瑞典的记者们。伯迪·托尔卡的新书《宜家的故事》(*The Story of IKEA*)写的就是有关英瓦尔的事,也是他的授权之作。此书首发时,在昆根斯库瓦(Kungens Kurva)门店举行了一次盛大的记者招待会。我后来听英瓦尔说,他手拿一张地铁票赶过来,一到会场就即刻谈起公共交通来。他神采奕奕,谈起瑞典普通人关注的生活话题,诸如口含烟的价格之类的事,让人感到他克勤克俭、脚踏实地,给人留下了难忘的印象。

这种宣传效果,和前两次一样,是金钱无法买到的。一方面,英瓦尔牢牢地控制着局势,一切由他定调,由他掌控局面。而且,他这么做已经有很长时间了。毫无疑问,所有质疑的人最后都会按照他的意旨行事。当然,还有这么一个事实,他总是充分利用他的年龄,扮演着仁慈友善的家长角色,不承认自己是世界上最有钱的人,也不认为自己是一个传奇人物。因此,几乎没有记者想要对这么一个老人进行"严刑逼供",就像我们每个人对待自己的祖父一样,不会去为难他们。于是,会议大厅里充满了对这位老人的敬慕之情。只见他站在大厅中央,双手交叠,放在胸前,两根拇指捻来捻去的。他仍然在那里滔滔不绝。据他自己说,他患有严重的"话痨"症。如果是在娱乐场所,这倒是非常令人愉快的。不过,听听那些记者问的问题,就会感到,这种记者招待会是很不专业的。

但是,几年前,新闻界对他还是做了一次比较像样的采访,在瑞典电视四台播出。那次的采访记者是毕姆·恩斯特龙(Bim Enström)。当时和英瓦尔在一块的有宜家俄罗斯分店的经理伦纳特·达尔格伦(Lennart Dahlgren),他一度被英瓦尔解雇,后来又重新聘用。毕姆不像她的异性同行,渴望在这位传奇人物身边沾沾光。相反,整个纪录片中,她不发一言,只让主角们侃侃而谈。这是我所看过的最贴近英瓦尔内心世界的一次访谈。他在访谈中充分展示了他奇特的性格:工作认真专注,爱讲笑话,爱挖苦人,知识渊博,说起话来滔滔不绝,做起事来冷酷无情,对亲近的同事却相当体贴照顾。

读写困难症?他装的!

现在,我们来说说英瓦尔的弱点与短处吧。他的私人助理们大都清楚,他的这些所谓的"缺点",要么不真实,要么是被夸大渲染了。

就说读写困难这件事吧,所谓读写困难就是几乎无法阅读,或者无法写字,或者两者都不会。即使能拼写,也总是拼错。但是英瓦尔却并非如此,这么多年来,他与宜家集团的经理们交流,都是通过信件、传真。他亲笔书写的邮件成千上万。也有拼写错误,但总是拼错同样的单词,而且拼错的方式都一样。比如,他把"article"拼成"artickle"。而且,由于拼写不正确造成根本不能理解的情况是很少见的。如果是拼写有障碍的人,一般来说,拼错的方式是随机的、不一致的，并且很难识别。

英瓦尔的信件和传真完全不像患有读写困难症的人所写，除了十来个词汇有他自己的拼写习惯之外，他的信总是拼写正确、结构严谨。

他还有一个缺点，可能只有外国记者才比较清楚，那就是他所谓的“英语很差”。但是，有一次我在他的瑞典家中，非常惊讶地听到他在那里自言自语，说着一口流利的英语，使用的都不是简单的词汇！尽管只有一会儿，却给我留下了极深的印象。我以前总以为他只会两种语言：瑞典语和瑞典式英语。

那是我第一次领悟到，原来他的许多弱点和短处，只是他用来对付记者和员工的幌子。这个极为成功又非常富有的人，喜欢用他的弱点来吸引记者的注意，使他们对他产生兴趣，真是岂有此理。此外，倘若记者不是北欧人，英瓦尔又可凭借糟糕的英语回避尴尬的提问。有谁会为难一个外语不好的老年人呢？宜家的员工们也被他迷惑了：他虽然是他们的老板，却一直普普通通，身上还有那么多的缺点。试想，如此不平凡的人显得如此平凡，就像他们中的任何人一样，难道不令人心生同情吗？

酗酒成性？还是装的

酒鬼就是酒鬼，因为他们是没有办法控制自己的酒瘾的。英瓦尔却常有滴酒不沾的时候。他饮酒或不饮酒，都是有时间安排的，且有规律可循。即使饮酒，他也绝不会盲目酗酒，或者醉酒。晚上喝一两杯威士忌加苏打水，不会让你成为酒鬼的。问问那些戒酒协会的人，就知道酗酒是怎么回事儿了。嗜酒如命的人和喜欢晚上小饮几杯的人，天差地别。

我唯一一次看见英瓦尔喝酒，是 1995 年在波兰的公司派对上。当时，我和其他同事都已经醉醺醺了。此后，我再没见他喝过酒，也没听别人说他喝过酒，或以其他任何方式饮酒。从没听说过他因为喝酒有行为失当的时候，或做出什么出格的事来。换句话说，关于他广为人知的酗酒问题，除了在最近几次对他的夏季采访中，从那些轻信传言的记者口中听到此事之外，我自己还从来没有观察到任何迹象。相反，我倒是这样猜想，英瓦尔所谓的“酗酒”，是指碰上他喜欢喝的酒，就多喝了一点。我知道，他的家庭医生曾建议，如果他觉得自己喝得有点多了，或喝得比较频繁的话，可在一段时间里滴酒不沾，以便保护肝脏和身体的其他器官。我的医生也认为我喝得多了，但无论是他还是我，都谈不上酗酒。

我的印象中，坎普拉德为了自己和公司的形象，极为高明地使用了夸张的手段，夸张的程度几乎接近撒谎。这位全球数一数二的富豪会因为嗜酒、读写困难、英语糟糕，而大大激起外界的兴趣，就像他跟记者说自己“有点愚笨”一样。要是有人想知道，坎普拉德的大脑是不是我们这个时代最聪明的，他绝对会聪明地掩盖这一事实，而且他很清楚他这么做的原因。

我在英瓦尔的瑞士家中拜望他时，他的前任私人助理、副首席执行官汉斯·莱德尔（Hans Gydell）（按英瓦尔的说法，这是他在公司里所遇到过的第二个聪明绝顶的人）打来电话。当时，英瓦尔对“共同基金”有个想法，想把宜家、英特宜家（Inter-IKEA）和 IKANO 这三家公司的流动资金合并起来管理。莱德尔打来电话，询问坎普拉德此事该作何安排。坎普拉德详细地告诉他此事要怎么做，但声音听上去很不耐烦。最后他撂下电话，转身对我说：“约翰，我是不是需要找个伐木工，好让这帮家伙搞明白究竟怎么使钱才好呢？”

实际上,坎普拉德接受记者采访时,是绝不会谈他遇到的困难和问题的,而是用他所谓的小缺点制造烟幕,转移注意力。在大家的眼里,他是一个非常诚恳实在的人,记者们没有不听信他的。结果,记者本来应该聚焦宜家的某些敏感问题,却不知不觉转移到宜家创始人身上的小缺点上面了。这样,坎普拉德便达到了两个目的。一方面,讨论他的缺点占用了记者的时间和注意力,而英瓦尔很善于扮演这个角色,他表现自如,松弛有度。另一方面,他和记者之间可以营造一种亲切和谐的氛围。心肠再硬的记者,看到老人眼含泪光,向你敞开心扉,也会为之动容。于是,记者准备好的探针,已被他悄悄地拔掉了。就在记者缓了一口气,开口说话的时候,采访的时间已经结束了。整整一小时,都是英瓦尔漫长的讲述,讲的都是无关紧要的小事。

让他差点崩溃的纳粹风波

就我所知,描写英瓦尔的生平和事业的有两本书。一本书名叫《英瓦尔·坎普拉德和他的宜家》(*Ingvar Kamprad and his IKEA*: *A Swedish Saga*),由托马斯·斯伯格(Thomas Sjöberg)所著。书中有很多篇幅讲述了英瓦尔早年对纳粹的同情,并试图证实英瓦尔卷入纳粹活动的时间比他自己承认的还要长。另一部书由宜家委托出版,由托尔卡执笔,也涉及了与纳粹有关的片段。也可能斯伯格说得对,英瓦尔以不记得为由,想隐瞒此事。不过,正如我之前所说,他对过去那些细枝末节的记忆力是惊人的。我猜想,大概是耻辱感使他对此事避而不谈。

斯伯格的书出版之后,英瓦尔遭受到了最为猛烈的抨击,即所谓的第二次纳粹风波。他那次算是彻底崩溃了。在更早的六年前,他同情纳粹一事首次被披露时，他曾被迫坦诚以对，出面道过歉、谢过罪。他态度恳切，欲把过去的旧账都翻出来，让一切事情都摆在桌面上。但还是不够。后来的这第二次风波中，他经常打电话给我，也就此见面聊过几次。触及感情深处时，英瓦尔差一点落下泪来。他的周围充满了辱骂声，邻居们都不理睬他，似乎他们都无法面对他的耻辱。

在这次事件中，有几点我很确信。比如，英瓦尔现在不是新纳粹分子，或纳粹同情者，我没有听到过他任何与此有关的言论，哪怕是极其隐晦的暗示。他绝对不是一个反犹太主义者，相反，在 60 年代，他有很多帮助波兰犹太人的故事，或给犹太团体提供资金，或在其他方面进行赞助。而且，他对犹太员工特别照顾，有几个都是他的心腹。我不清楚他为什么这样，也许他希望对早年的罪过有所弥补。

英瓦尔是德国人的后裔，从小的家庭管教就极为严厉。他的祖母是绝对的亲德派，是坎普拉德家族的女家长。事实上，已过世的同事利夫・斯尔（Leif Sjöö）证实，英瓦尔的父亲费奥多（Feodor Kamprad）是一名纳粹分子，这在当地尽人皆知。二三十年代，埃姆瑞特（Elmtaryd）农场和其他地方一样，打骂教育孩子是每日生活的一部分。但是一个孩子要想逃避家庭的感情沙漠而又不受到伤害，一定是非常困难的。也许，斯伯格是对的，英瓦尔曾经是一名纳粹分子，或者法西斯分子，这种事在 50 年代末期绝对是非常糟糕的。据我的判断，英瓦尔早期的这些愚蠢的行为早就结束了，也不会再重现了。

时而极度节俭,时而非常慷慨

坎普拉德最为人知的,应该是他极为简朴的生活。尽管他属于世界上超级有钱的人,你可能还是听说过,他在自助餐厅里把自己的口袋塞满盐袋、胡椒袋的故事吧。你还听说过他那辆马路杀手一般的老沃尔沃吧,连他最亲近的员工都不准他再开那辆车了。尽管这种故事的真实性程度不一定很高,但也不会是无中生有。不过,故事的真实性不是主要的,主要的是英瓦尔成功地用这么多的故事塑造了他的人格、他的性格特征。

如果有人说他吝啬小气,那倒是真的。了解他的人都知道,他对宜家的钱是锱铢必较的,绝对禁止一切浪费,即使只是一小笔费用也不含糊。愚蠢的、无谓的浪费会让他急得跳起来,很少有其他事让他这么着急。如果走出房间没有关灯,他会很生气的。记得我们在波尔索的时候,那时我刚刚出任他的私人助理。清晨六点钟,到处一片漆黑,我们得在黑暗中上车,开始一天的工作。如果这时我房间还亮着灯,便会引来他一番责备,对我的能力和智商都会表示怀疑了。

但要是他在某个会上相信了某个同事的提案,比如要投资某个有风险的新项目,他又会毫不犹豫地打开钱包,拿出千万瑞典克朗的资金来。

据我的观察,他所扮演的小气鬼角色倒真的是他的本色。他不容许自己过奢侈的生活。穿的都是普普通通的衣服——衬衫、裤子、普通的夹克外套,从来没有请过设计师为他专门定做服饰。他也没有买过豪车。故事中他开的那辆沃尔沃老车完全属实。他和妻子玛格丽特租用的房子是最普通不过的。瑞典小报记者曾经报道过几次,说他们在瑞士出入豪宅。的确,他们住所的周围环境很不错，但房子内部的装修和陈设却非常简朴：典型的80年代的家具，比波尔索门店70年代的家具风格还要简单得多，而简单的家具反倒让房间的空间显得阔绰。房屋面积三百平方米，正如报纸报道的，包括一套独立的平层套房和一个车库。

他也不经常度假。他不喜欢度假，就像他不喜欢看电影一样。玛格丽特偶尔会硬拉着他去看场新片。据一个在他的法国葡萄园工作过的同事说，他在法国的葡萄园也不奢华，很长一段时间里，葡萄园的经济效益不好，让英瓦尔感到头疼，而不是放松。以至于有段时间，宜家不得不把葡萄园的几间房间出租给游客，还把葡萄园里生产的发酸的酒，作为宜家酿酒来销售。现在似乎那里的酒和经济状况都有所好转，英瓦尔也因此开心了许多。

不过英瓦尔倒是一位非常慷慨的主人。无论什么时候，我到他家里去，总会得到他送的很多礼物，都是些美食，比如瑞士的拉克雷特芝士(Raclette-cheese)、各种巧克力、熟肉腌肉、美酒，还有其他各种各样好吃的东西。他还准备了一道又一道的佳肴，为了让客人高兴，他真是费尽了心思。他甚至还安排客人午睡一会，让客人感觉就像在自己家里一样。

推卸责任的功夫一流

回想起来，我才慢慢发现，英瓦尔·坎普拉德非常善于辩解。宜家遇到情况时，英瓦尔就会出面解释，安抚员工，应对媒体，化解事端。他很早就意识到，燃眉之急不一定非得找到解决途径，也不必凡事非得弄个水落石出。只需透露一点事实真相，其余的会随着时间的推移渐渐沉寂下来，媒体的聚焦点自然也会转向别处。

在昆根斯库瓦门店，很久以来都是一位女店长掌门，她名叫艾琳(Iréne),是一个精明能干的女人。她是那时第一位,也是唯一一位女性店长。她的老板是瑞士宜家总经理本特·拉尔森(Bengt Larsson)。本特似乎一直不太赞同任用女性做店长,尤其不太喜欢艾琳。英瓦尔说,他想尽办法,要本特对艾琳好一些。但最后,据他说,艾琳还是没在那个门店干了。我记得,她被调到北美去了。不过,英瓦尔事后说的话却真诚极了:"约翰,做本特的属下,真是难为艾琳了。我对女性店长,或艾琳个人,是从来没有过任何偏见的,她们做事都非常能干。"瞧,他把责任全部推给本特。英瓦尔那时是公司的首席执行官,有权力下达指示和命令,而且,对所有门店店长的人选,他是有决定权的。也就是说,英瓦尔是唯一一个可以为宜家性别平等有所作为的人,但他却没有这么做,现在仍然如此。不仅如此,他还非常聪明,以一个真实的事例来传达他的意思:女性做店长这事很难,总有很多问题,但我这人是宽宏大量的,对女性店长是支持的。

宜家有些年里经常被人指责抄袭著名设计师的作品,又以宜家品牌低价售卖。这确实是事实,而且很长时间里都是宜家成功的商业策略。现在直接抄袭已经很罕见了,但受到竞争对手启发的产品却很常见。有一名记者就直截了当,问到了这个问题。按照一般人的推测,英瓦尔会说,是的,早些时候宜家是抄袭了别人的作品,不过,现在我敢保证,绝不会发生这种事情了,为此,我们投入了大量资源,以保证设计师们一心一意创造宜家自己的品牌。

错了,英瓦尔没这么回答。相反,他说:"听着,朋友,我告诉你,独一无二的新设计是几乎没有的。人人都在你抄点我的,我抄点你的。""没有纯粹的新设计",真是一句废话。不过,他的这种说法记者们谁也没去质疑。也许有慑于宜家和英瓦尔在瑞典的崇高威望,谁知道呢。英瓦尔的“人人”一说,便把每个人都卷进来,而不只牵涉设计师,这个解释颇有意思。接下来的逻辑就是,没有独创设计的原因,应该归咎于每一个人。因此,从某种意义上说,他又为宜家行为的正当性作了辩解,虽然辩解很聪明,但不一定受人尊敬。

他说的话不重要,话里的意思才重要

但是英瓦尔无意向媒体隐瞒他喜欢操纵他人的个性,获益的并不只是媒体,媒体能够帮助他在宜家或英瓦尔地盘里施展权力。宜家内部流传一些格言警句,其中有一句是这样的:“英瓦尔说的话并不重要,话的意思才重要。”也就是说,英瓦尔的每一个句子、每一个字都需要像读经一样经过阐释。而且,宜家内部还真有其事。就像一场文字炼狱,过去克里姆林宫里的人所经历的景象似乎就在眼前。他们从最高领导的每一句话、每一个字,甚至每一个音节、每一个标点符号中解读统治者的最高意志。英瓦尔也深知文字的力量,并知道善加利用。他给手下发送的大量传真信件便是例子。信件如果以“亲爱的”开头,这个词的意思是不带任何感情色彩的,属于中性的。如果前面加了一个“最”字,你算进入了他赞赏的名单中了。同样,信件的结尾也是有意思的。如果以“致以最美好的祝愿”结束,含义是中性而危险的,说明他已经与你有距离了。但如果还加上了简简单单的“拥抱你”三个字,又可以消除你的不安。有时候,他会改一下信件开头的称呼语和结尾的祝愿语,向收信人暗示他的心情如何。不瞒你说,就连首席执行官安德斯·代尔维格接到英瓦尔的传真,也会被他的文字弄得神经敏感。

他甚至会含沙射影,在书信中隐晦地表扬某某,又批评某某,还道出缘由来。谁被他冷落,谁得到他的赏识,他深知这样的结果会是什么。英瓦尔会见客人的方式也富有深意，尤其是会见男性客人。握手只是一种中性表达，不带任何情感色彩。如果和你拥抱一下，对你还算可以。如果拥抱一下，又亲一下脸颊，那你就是他信任的少数几个人之一了。如果下一次他又不亲你了，你就要犯嘀咕了，这是为什么呢？不过，他知道为什么，你也会清楚的。

还有英瓦尔的发言稿。圣诞节和秋季致辞，他都亲自书写，用一支细细的签字笔，一行一行，都是直线体的大写字母。他会在致辞中带出他认为很有意义的话题。秋季致辞是在每年的八月底，他往往要花几天的时间，通常都是在波尔索家里的餐桌上完成。

夏末天热，他只穿短裤，一个人在那里写。很快大家就会知道谁是他表扬的，谁又是他批评的人了。宜家每天都会上演这种稍加掩饰的人身攻击。崇拜英瓦尔的狂热分子，分散于宜家的各个层级、各个工作区域，一般都是阿姆霍特本地人。其中的铁杆追随者主要是上了一定年纪、早该退休的人。他们喜欢钻研英瓦尔的各种发言，逐字逐句，甚至每个音节，揣摩细微变化，从中推测公司即将发生的重大事件。

英瓦尔也经常变换心情，发言中，他要表扬一些人，要批评一些人，其原因何在呢？很显然，他需要让员工时刻充满危机感，小心行事，随时揣测领悟老板内心真实的想法。无论是你与他相见时他使用的身体语言，还是他传真书信中表达的文字，如果你不善于解读其中的涵义，那么，你在宜家的职业生涯也许就不会再有高峰了，不管你的工作和人品多么出色。要想在宜家生存下来，学会解读英瓦尔内心的想法是基本功夫。

在公司里遍插密探

英瓦尔面色苍老,但富有魅力。这样的脸庞,隐蔽着怎样的心思?其实,他是一个怀疑一切的人。也就是说,他不信任和他工作的任何人。他以怀疑的态度创建了宜家。由于他对人缺乏信任,对周围的事情表示怀疑,多年来,他的身边便出现了一帮为他服务的密探,都是忠于他的老员工,分布在公司各个领域,通过电话、传真,或者面谈的形式,向他禀报他们侦查到的情报。

我记得有一件事,发生在90年代末。瑞典宜家总部有位名叫迈克尔·奥尔森的总经理(他是2009年9月开始担任首席执行官的)。迈克尔见多识广,是瑞典宜家总部罕见的人才。不仅如此,他为人正直、刚正不阿。当时,他想以他的管理思路调整公司的结构,这与英瓦尔的想法在各个方面皆不一致。英瓦尔知道了奥尔森的计划(大多数人后来才知道),便设法改变奥尔森的想法。于是,英瓦尔又是发传真又是打电话给他。英瓦尔周围的情报员们也积极地介入其中,想把同事拉到忠于英瓦尔的阵营里。这个事件后来越来越严重,甚至有段时间,瑞典宜家总部内分裂成两大阵营,一派拥护英瓦尔,一派拥护奥尔森。

了解底细的同事说,英瓦尔实际上看不起他周围的密探,但却残酷地利用他们。他心底里尊敬的,还是正直明智、保持沉默的人。

难以置信的善变

英瓦尔的性格,还有另一个显著的特点。他表面上给人犹豫不决、优柔寡断的印象,实际上,这与他对人对事的认识很有关系。他看人看事总能把握两个不同的方面,一面是他喜欢的,另一面是他不喜欢,甚至是憎恶的。虽然他也会对一件事相当执著,但一般来说他更倾向于游移在事物的两端,因此反复而善变。

比如,国外许多分店的开设,一直都让英瓦尔感到纠结。他十分反对开拓日本市场认为广泛开拓中国市场,应该是更为明智的投资选择,但对此却不作表态。的确,日本市场有巨大的潜力,但日本人对宜家完全不了解,去日本推广品牌,投资很大。为此,他不断听取各方大量论证,又向他信赖的人征求意见。某些问题,他进行了细致认真的研究和思考,然后把问题搁置起来,一段时间之后重新拿出来讨论。经过漫长的思考过程之后,他才作出决定。

1997 年 9 月初,我们在阿姆霍特波尔索农庄。和往常一样,上班的时间漫长难熬。不知疲倦的英瓦尔却一直精神抖擞。这是宜家一年一度的新产品展示周,是宜家的盛事。我和英瓦尔在布拉斯潘的办公楼三楼(也叫“第三仓库[Loft]①空间”,这是英瓦尔自己对这座新建群楼的命名)穿梭于各个展示场。英瓦尔对新东西总表现出不确定的态度,对他的整个公司展示的所有东西,甚至包括价格标签之类的物件,都是一种既爱又恨的态度。

这一周,一切都沿袭以往的惯例。晚上,英瓦尔的助理们必须和他一起回波尔索农庄住;白天,则紧紧跟随在他身后。我以及我的前任们在出任他的私人助理之前,从来没有在产品采购部、产品开发部,或者产品包装部工作过。因此,有关的讨论非常冗长难懂。我当时觉得,大家的讨论不仅难懂,而且无聊透顶。但是,如果认为

① 所谓 LOFT 指的是那些“由旧工厂或旧仓库改造而成的,少有内墙隔断的高挑开敞空间”,这个含义诞生于纽约 SOHO 区。在 20 世纪 90 年代以后,LOFT 成为一种席卷全球的艺术时尚。

助理的任务只是记录讨论的重点,那可就麻烦了。我多半是保持五分钟的清醒,二十分钟后就不行了,半个小时之后,我得找个角落的位置,一般在我能听见发言的范围内,找个地方坐下。四十分钟之后,我就睡着了。

"不要睡觉!记笔记!"

总有那么几秒钟,有价值的几秒钟,我醒过来了。每当那边讨论到关键的时刻,比如说,某研发人员向英瓦尔承诺,将做一些改进,这时,我就用铅笔一次又一次地戳自己的大腿,以保持清醒。实际上,据那些资深同行们说,宜家的助理都打瞌睡。据说安德斯·代尔维格在80年代的展示周睡着过好几次,那时他也是助理。算是自我安慰吧。每一年,我都要为我记的笔记,挨英瓦尔的批评。

几年之后,当我也开始做自己的产品展示时,过去那些展示周的痛苦日子已经让我获得了有益的经验,尽管枯燥无聊的时候,我仍然大多在打盹。

晚餐和往常一样,开胃菜是炒鸡油菇,配莫肯湖里捕上来的小龙虾、一瓶啤酒。晚餐之后,英瓦尔和我一起收拾餐具,放到洗碗机里。

这时,他对我说:"约翰,我给你看样东西。你这样的环保人士一定会感兴趣的。"

英瓦尔到厨房餐桌边坐下,把一个布包搁在双腿上。包里有一些文件夹,由橡皮筋捆着,里面装着他近来大部分的文件。那个有点脏兮兮的黄色布包上有COOP(合作)几个大写字母。

找了有十分钟,只听他说:"喔,在这里。一封信,嗯,就几行字,是我写的有关森林的看法。请你读一读,谈谈你的看法。森林可不是一个小问题啊,约翰。"

这是几张A4纸,记录着他平时对森林问题的观察和敏锐的见解。还是他一贯的书写风格,细签字笔,一行行竖直的大写字母,有几个单词拼写错误。令我感到惊讶的是,尽管这个问题很复杂,但他却表达得如此清晰明了。森林木材是宜家最重要的原材料,也是可再生的资源,因此是很环保的。森林面积减少的主要原因是人口的快速增长,这使很多地区面临威胁。如何采取简便的方法,让森林可以被持续利用?宜家要选择一个正确的方向,帮助森林的扩展,这是势在必行的。

“你能不能找关注森林的环保组织谈一谈?也许我们可以一起合作,做点什么。”他对我说。

他提到的环保组织就是国际绿色和平组织(Greenpeace),总部设在荷兰的阿姆斯特丹。较之另一个环保组织“世界自然基金会”(WWF),他宁愿和绿色和平组织合作,尽管世界自然基金会的总部就在瑞典,但英瓦尔对他们的印象不太好,觉得他们华而不实。

于是,我便飞往阿姆斯特丹,见了森林环保部的负责人克里斯多夫·蒂斯(Christoph Thies),一位德国人。我和他见了几次面,一方面力图让他相信我们的诚意,尽管宜家是大型跨国公司,但对合作感到荣幸;另一方面我们需要寻求合作的项目。

蒂斯属于绿色和平组织中的务实派,推崇的是合作,而不是对立。他身为德国人,天性好学,对自己的领域知之甚多。而且,他性格直率,乐于接受新事物。每一次和他见面,总有新的成员加入进来,都是志同道合的人,对环保方面的事务非常了解。

事实上,绿色和平组织对于林地的保护更加务实,因此这一组织的务实派影响越来越大。当然,该组织并没有改变原来的理想,只是接纳了很多新的做法,比如,与大公司开展合作项目,等等。

时间在流逝,我们开了一次又一次的会,却没达成任何合作协议。我几乎要气馁的时候,蒂斯带着一群同事出现了。他要我向他们解释宜家的态度和想法。我说:“宜家非常愿意与绿色和平组织合作,因为我们和你们的价值观很接近。森林问题是你们的主要问题,也与我们密切相关。坦白地说,我们已经准备了大笔的资金要跟你们合作。”

听到这里,蒂斯干脆地说:“我认为我们有了合作的构想。”

显然,接受企业的资金是违背绿色和平组织的规定的。但是,该组织却找到了办法跟企业进行合作。“全球森林监测”(Global Forest Watch)是美国一个信誉良好的环保团体,他们通过企业捐助,以卫星摄像技术绘制全球未被开发的原始森林地图。这些随机拍摄的现场照片,以及获得的其他有关的科学数据,将依据国别和全球五大洲进行汇编。“全球森林监测”便可通过其官方网站(*globalforestwatch.org*)发布这些地图。这样,各国政府便可更加有效地制止非法的森林砍伐。像宜家这样需要大规模伐木的企业,便可以在地图的协助下,避开植被敏感地区。这种事还真的在俄罗斯的卡累利阿(Karelia)发生了。绿色和平组织的审查委员会(Review Commission)在报告中特别对外披露,宜家推行森林保育的做法堪称榜样,而芬兰造纸企业斯道拉恩索(Stora Enso)的做法则不值得学习。

我乐观地离开了阿姆斯特丹。现在我们有了具体又值得投入资金的计划可做。但是,所有乐观的想法却到此为止。我到柯勒斯庄园见了英瓦尔,他对结果很不满意。当初,是他要捐助绿色和平组织的,我只是听命行事。现在他却反悔了。英瓦尔向来都不看重慈善捐助,现在仍然如此。90年代末,宜家在慈善事业上捐助的钱简直少得可怜，而且全部捐献给了纪念英瓦尔母亲的防癌基金会。要英瓦尔捐6000万瑞典克朗（相当于4000万人民币）给绿色和平组织，实在有违他的本性。他请他的大儿子彼得出面阻止此事，但是彼得问的问题完全不得要领，比如他问："你怎么知道捐款的去向？"

事实上，西方世界组建的慈善机构，都受到政府部门的严密监管。显然，这个年轻人把有的事情理解错了。宜家首席执行官安德斯·代尔维格和我一起，与"全球森林监测"的几个代表有过会面，他们与我们的期望完全契合。当时英瓦尔不是出差，就是在瑞士。他的态度变化不定、反反复复。开始断然拒绝，继而又表示愿意合作，要求宜家也必须从中受惠。最后我们达成了一致。双方协定，将捐款用于对宜家有利的地区。过程之中，最初计划捐助的6000万瑞典克朗已大幅缩减。慈善捐助让英瓦尔恼火。在慈善机构和宜家签署捐助协定的过程中，英瓦尔就会变得越来越烦躁，越来越犹豫不决。似乎他在不断询问自己，怎么会同意这么荒唐的一件事。

后来，我到伦德的英瓦尔·坎普拉德设计中心负责一个项目。该中心实为宜家出资修建的设计学校，旨在培养设计人才和设计师。据媒体的宣传，这是瑞典国内最大的私立教育机构。学校的开幕仪式准备了半年。这期间，英瓦尔的情绪不断变化，起初他满腔热忱，心怀期待，后来他渐渐脾气乖戾，甚至变得粗暴无礼。他对开幕式感到不安，脾气也很不好，对我大声发火。英格卡控股公司董事会的成员们一次又一次请求他别再抱怨。结果，开幕式非常成功，正如大家一直安慰他的一样。

我写这些并不是想发泄怨气。作为他的私人助理，我得考虑并顾及他的各种情绪。不久之后，我被调往阿姆霍特的瑞典宜家总部任职，这是之前的安排。大概过了三个月，我才又见到了英瓦尔。那一次是在阿姆霍特的办公室，我们边喝咖啡边聊天，聊起设计学校，聊起那场开幕仪式的盛况时，他显得兴致勃勃。

宜家的幸运儿和可怜虫

英瓦尔对事物的看法不是简单的、黑白分明的。但是在对待人的问题上，却是一个例外。因为，只要是能干的、忠诚的人，英瓦尔很快就会注意到。当你获得他授予你的“宜家旗手”这种非正式荣誉的时候，你就变成了他的亲信。之后，他便会总是忽视你的缺点和错误。你甚至会前程似锦，获得的一切远远超出你的实际能力。

阿姆霍特门店有一些同事，他们在宜家本来早就应该离职了。因为，他们已经没有能力处理分内工作，而只会给公司带来损失。但是英瓦尔并不是这样看人的。一个人的潜在能力和工作表现，对于他对此人的判断没有多少关系。我之所以在这里写这些事情，是因为近十年来，盲目对待有能力和无能力的人的现象越来越突出了。

“这是什么鬼东西？”英瓦尔语调平缓，用家乡话突然问起来，“这到底是什么鬼东西？请谁来解释一下？汉斯-戈兰(Hans-Göran)？要不哪个聪明的家伙来说说，这是什么意思？”

英瓦尔越说声音越大，周围的十几个人都默不作声。汉斯-戈兰·斯腾纳特(Hans-Göran Stennert)是他的舅子、英格卡董事会主席，也没有吱声。“你们哪个来解释解释？谁来告诉我这些垃圾到底是什么？”

令人吃惊的是,在一群属下面前,英瓦尔几乎暴跳如雷,脸色涨得通红,不可理喻地大喊大叫,粗鲁地对待员工的劳动成果。他一度显得极其无礼,大骂那批浴室设计作品是垃圾。作品的设计者是朱莉·德罗齐埃(Julie Desrosiers),一位女设计师。汉斯-戈兰想把他拉到一旁,让他冷静下来,但根本没有用。

难道这只是老年人偶尔的烦躁不安吗?那可不是。如果你经营着价值数十亿瑞典克朗的企业,就必须树立榜样。无论在私下,还是当着同事的面,贬损下属的事情是不能做的。至少,如果你是英瓦尔,就不应该这样做,因为是你赋予了这个公司全部的生存理念。这也是我从不把英瓦尔看成任何形式的受害者的原因。他虽然八十三岁了,但能力超强,思想敏锐,而且跟得上时代。

我必须说明的是,法裔加拿大人朱莉·德罗齐埃算得上是宜家最有才华的产品研发人员。她设计的每样产品(PAX 衣橱系列,床和床垫),都已成为经典。2009 年,她离开了宜家。但是,她先前设计的卧室系列产品,仍然是宜家最畅销的产品。从产品开发需要的时间来看,这显然不是她的继任者们的功劳。尽管世界经济环境正经历着 30 年代以来最严重的危机,但人们越来越喜欢有多个卧室的住房,因此,卧室系列产品的销售反而有增无减。使英瓦尔情绪失控的浴室系列,曾获得过一致的赞誉,包括我自己以及瑞典宜家总部的一些同事。但英瓦尔是做决定的人,因此那个产品系列被他推翻了。至今,浴室产品仍然是宜家的弱项,因为坎普拉德不能与一个才华出众的女人在产品开发领域和平相处。

在布拉斯潘的一个冬天,英瓦尔一走进我的办公室,就大声抗议起来:“托马斯·雷克斯(化名)那个该死的无能的家伙还在这里上班吗?”我们一边闲聊,一边走去用餐。途中,经过贴有所有员工照片和名字的公布栏时,他一眼就看到了雷克斯的照片,他盯着雷克斯,对我说:“雷克斯这么无能的人,怎么还待在这里?他们不是保证过要把这个白痴开除了吗?”

英瓦尔的话像刀子一样伤人。我在想,他这么无所顾忌地大声咋呼,会有人听见吗?这个时候一般到处都有人。还有那个可怜的没有用处的家伙,听到过老板贬损他的话了吗?我小心地拉着英瓦尔的胳臂,把他带到外面。尽管几年前,我就没做他的私人助理了,但我仍然觉得,维护英瓦尔是我的责任,既是维护他自己的尊严,也是维护同事的尊严。如果有人谣传英瓦尔曾经对雷克斯口出恶言,对他一点好处也没有。

有针对性地攻击人,这是英瓦尔性格的另一面。他讨厌谁,就像他喜欢谁一样,都是有所选择的。一切都不会是偶然的。我没有听说过他在英格卡董事会上,还是下去视察某个门店时发过火。不过,他要是爆发怒火,后果是很严重的。周围的人会变得非常萎缩拘谨,那个被他怒斥的人则会因为惧怕几近崩溃。我之所以知道这一点,是因为我也曾经是他打击的对象。在宜家被接二连三的童工丑闻搅得痛苦不堪之时,我和安德斯·莫伯格深夜驱车赶往韦克舍(Växjö)瑞典电视台。因为当时我负责公关部以及集团的对外交流,同时也是英瓦尔和莫伯格两个人的助理。此外,我还兼任莫伯格的随行顾问,应付这场混乱局面。不过,我们是不可能赢的,不仅如此,连降低损失都几乎不可能。突然,我的手机响了。英瓦尔在电话里对我大声咒骂。因为我忘了跟他说,莫伯格同一天在报纸上发表了一篇文章。这虽然是我的错,但不至于错到要把我开除了。而英瓦尔正有此意。我在车里浑身发抖,莫伯格镇静地看了看我。

“他会把我俩一块开除了。”他一边说,一边继续开车。

这个世界上有一百万人口要靠宜家维持生计,宜家又是英瓦尔掌控的,因此,英瓦尔决定着这些人的命运。很快,他的儿子们也将拥有同样的权力。

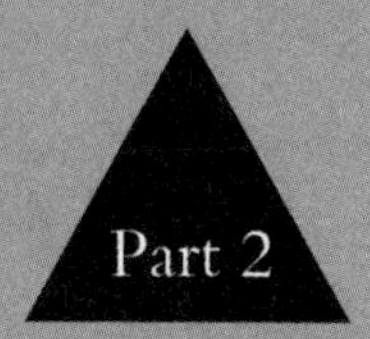

神秘的“宜家之道”

Chapter 1

掌握森林

从一棵松木到一张咖啡桌

要了解宜家,就得了解这家公司在做什么,以及是怎么做的。这个巨大的集团遍布多个国家,员工超过 15 万人,一天 24 小时不停地运转着,生产着世界各个国家的消费者想要拥有的东西。每个环节丝丝入扣、协调高效。我称之为宜家机器。

举足轻重的输送带

每个公司都会根据自己生产的产品或提供的服务,组织和构建各个环节的生产或服务活动。宜家机器也不例外。宜家整个生产流程可被简单地分成几种生产活动,每一种生产活动中所生产的产品,在不断接近客户端的过程中,价值在不断地增长。一旦产品送抵商店里顾客的手中,产品就达到了其销售价格。比如,宜家的产品生产流程就可能是从一棵松树到一张咖啡桌的过程。如果松树在森林里的价格是 50 欧元,这棵树最后变成咖啡桌,价格就会大大提高。在商业分析中,这种产品价值不断增长的生产活动过程被称为价值链。价值链中的每一个环节对应一项重要的活动,正是它将松树变成了咖啡桌。使每一阶段产品增值的价值被称为生产活动的剩余价值。整个活动流程的初始阶段一般都是获取原材料,接着是生产、产品开发、物流、销售。

那么,同一个领域的所有企业围绕其价值链组织生产,怎样才能让自己的企业更具有竞争力呢?现实中,这种现象只会发生在三种情况之下:第一,产品价格更便宜;第二,产品质量更好(某些方面有所不同);第三,产品价格便宜,质量也好。宜家从一开始就在追求第三种情况。

人们会发现,价值链只是宜家成功秘方中的三种成分之一。所谓宜家秘方,只是在黄蓝两色的宜家建筑之外,鲜为人知的秘密而已。另外两种成分当属英瓦尔和宜家文化。前者管理并领导着整个庞大的组织机构,后者使得价值链的相关环节运转得更为顺畅。

这些年来,产业价值链的开发、调整,对我们今天看到的宜家,产生过举足轻重的作用。用宜家的语言,这叫做“输送带”。这条输送带是如何从森林发端,以咖啡桌组装件的形式抵达消费者一端的?这一输送旅程中,我们遇到过宜家一二十年来最严峻的挑战。有的挑战被化解了,有的还仍然存在。但是,这一切并不为外人所知。

进军东欧买森林

设想一下,两亿根松树原木或云杉原木堆在一起,会有多么壮观?这就是宜家每年需要从森林中获得的原材料。再设想一下,宜家对原材料的需求,每四年就增长一倍。换句话说,宜家每年都得砍伐高达数十万公顷的林地。这并没有什么大错。如果管理得当,木材是对环境有益、可再生的原材料。就水资源的消耗、碳排放量等方面来看,只要妥善照顾森林,砍伐方式和生产方式也科学正确,这对环境的影响甚至比种植棉花还要小。当然,这里说的是人工种植的林地,不是原始森林。

在保障木材供给稳定这一问题上,宜家一直有远见卓识,这尤其要归功于英瓦尔·坎普拉德对未来远景的正确判断。1989 年柏林墙倒塌之时,东欧版图发生巨大改变。那时,宜家的大宗买卖就已经开始启动。其中,最早启动的计划之一,是收购西伯利亚一家拥有大片林地的锯木厂。负责这笔生意的是宜家领导团队中少有的一位非瑞典籍传奇人物伯纳德·富勒(Bernard Furrer)。遗憾的是,由于俄罗斯黑手党的介入,这笔生意并没有完全做成。此时宜家已经投入了 5000 万瑞典克朗(按当时的汇率折算,相当于 4500 万人民币)。难怪当伯纳德赶到哈姆博柏克柯勒斯庄园时,显得焦虑不安。

那天早晨,会议室有英瓦尔,首席执行官安德斯·莫伯格,还坐了一排其他的宜家高管。

会议进行到西伯利亚的投资项目时,伯纳德·富勒被叫了进来。他客观地汇报了他带来的坏消息,等着接受一顿痛斥,他认为那是他罪有应得的,毕竟,他让宜家集团损失了一大笔钱。可是,英瓦尔并没有责骂他,只是提了几个问题,便没再说什么,似乎还对他的回答感到满意。这样事情好像就告一段落了。

会议议程中的这一环节一过,大家就可以舒展一下四肢,上上洗手间,喝杯咖啡,换一口口含烟了。英瓦尔在大家开会时,就把旁边一个废纸篓夺了过来,放在自己身边,以免有人不断地往里吐口含烟末。即使这样,会议休息的当儿大家还是免不了要含上一口的。

英瓦尔走到伯纳德身边，表情严峻地问：“你昨天晚上住在哪里？”伯纳德告诉他，他在当地一家酒店住。据目击者称，英瓦尔顿时火冒三丈，接着便是一顿臭骂，气得脸色通红。因为在他看来，无论是来柯勒斯庄园办事，还是经过这里，不住进庄园里简朴狭小的客房过夜，都是对宜家有限资源的极大浪费。

若要了解宜家和坎普拉德本人，这件事其实很有代表性。为什么赔掉几千万他没有吱声，而多花几个小钱住酒店却大动肝火？因为，英瓦尔意识到，无论是森林还是工厂，公司快速而大胆地向东推进，势必有巨大的成本投入，耗费大量资金，而且还不一定有收获。但这就是钱的用途：对探索和了解未知领域的纯粹投资，而不能被看做是损失。没有像伯纳德这样敢于冒险的员工，要开拓新市场就不可能实现。如果让伯纳德成为西伯利亚投资的牺牲品，这在其他同事心中只会产生恐惧，并使整个向东扩展的事业岌岌可危。如果让竞争对手占据东欧和西伯利亚的森林，宜家将付出更为惨重的代价。相比之下，这耗费的五千万瑞典克朗只是区区小数。

另一方面，英瓦尔非常清楚，如果纵容经理们挥霍浪费的行为，即使只是在小范围之内，公司的钱财也会被蛀蚀一空的。经理是榜样，正如他自己所说，榜样的力量是巨大的。很快，大家便只会住进宜家为内部人员提供的客房，而不是外面的宾馆。这样的规矩如果稍有改变，就很难预料会产生怎样的后果。这就是他那时候的逻辑思维，现在也仍然如此。

西伯利亚投资失败，以及其他一些类似的失利，并没有减缓宜家东进的脚步，反而加速了它向东欧推进的速度。这正是宜家善于总结经验教训缘故。宜家一步一个脚印，一点一滴地，从错误和失败中吸取教训。对很多人来说,“学习型组织”只是商贸书籍中长期被滥用的术语。但在我看来,宜家的东欧扩张,便是这种模式的典型个案。早在这一概念产生之前十年,英瓦尔就已经视其为经营策略了。

当原材料价格上涨时

多年来,宜家对广阔的森林拥有特许砍伐权。目前在俄罗斯、乌克兰、白俄罗斯等地,有数十万公顷林地都归公司所有。这一策略容易理解:木材是一种可再生的原材料,然而,如果需求大大增加,供应就可能会出现瓶颈现象,价格便难以控制。因此,森林的开发速度必须与公司的需求量保持一致。

近来,宜家面临两大挑战,而且还没有找到解决的办法。其中一项是,如果松木和云杉的市场价格上涨怎么办?过去的这些年里,由于石油价格攀升,松木和云杉的价格也走高了。石油价格越高,木材的价格也越高,因为木材是能源的替代物资。即使石油一段时间里下跌到一定的低位,行情分析师也难以看出其走势。尽管石油和木材价格有其周期性,但上涨是显而易见的。

但是人们是否会觉得,宜家能够控制俄罗斯和乌克兰的木材价格?其实并不一定。的确,宜家在俄罗斯和乌克兰一带的林区建有很不错的锯木厂和加工厂,但建锯木厂是一回事,砍伐木材是另一回事,而且,木材砍伐的情况还越来越糟。原因是多种多样的。冬季气候不够冷,地面结有薄霜,不利于伐木。因为道路不可行驶,作业机械和木材卡车都无法进出森林。没有木材,加工厂就无料可以加工。此外,就地采购囤积的大量原木还需经芬兰边境、波罗的海或波兰边境转运出去,这同样成了问题。不仅如此,俄罗斯为了保护本国的原材料加工业,早就开始对所有出口的木材征收高额关税,这也是可以理解的。

结果,对于木材需求量巨大的宜家来说,木材不但太少,而且昂贵。由于宜家一直未能利用之前获得的森林砍伐许可特权,以及修建的林地锯木厂、加工厂的优势,于是,只得转而去公开市场采购原材料。但即便波兰市场有欧洲管理得最好的林地,而且宜家最早买下了这里的林地,宜家的采购商都还不一定能够买到便宜的木材。

当把较高的价格数据输入宜家的计算系统 CALC 时,从采购到销售的整个价值链便开始动摇了。因为在宜家的利润计算公式中,价值链上的每一环都得产生利润。现在的问题是,木材作为宜家最为重要的原材料环节占据了总采购额的 60%,其价格却在暴涨。

木材价格上涨一路推高了“输送带”上各个环节的价格,一直到零售商(宜家内部用语,表示门店)。这里有两个原因。首先,零售商已经提前一年将《家居指南》中 4000 种产品价格定了价,因此,因材料采购价格上涨而高出之前定价的那部分零售价格,是不能够得到补偿的。而且,这些产品大多都是松木和云杉材质的畅销品,有 IVAR 书架,GORM 储物箱,LEKSVIK 储物组合柜,各种款式的咖啡桌、床、衣橱和餐桌等。这样一来,宜家的零售定价方法 CALC(将价值链中不同环节的成本进行累加)也受到来自客户和竞争者的双重挑战。如果竞争对手决定自行吸收木材价格上涨,愿意将收益降低,宜家将被迫跟进,因为公司的策略是,在任何一个市场都必须保持最低价格。由于宜家的定价和收益规则是,三分之一给供应商,三分之一给负责采购和物流的瑞典宜家总部,三分之一给门店,可以想象,木材价格的上涨会侵蚀宜家不少的合理利润。

2005 年,我参与了一个大型投资项目。当时,宜家打算以前所未有的超低价格,在各个系列中推出全新的木制家具。宜家自己认同的“价格优势”,是指保持低于竞争对手产品30%至50%的价位水平。这一构想,是将供应商整合起来,规划出高效的产品生产线。项目计划修建十几个独立的工厂,每个工厂附近建有先进的锯木厂,以及一个设备先进的胶合板工厂,可能的话,甚至再建一个装配车间。遗憾的是,很多想法只是纸上谈兵。就我所知,这个项目最终还是以失败收场。

尽管这一投资项目失败了,但还是有几件事情让我反思。木材,对宜家而言最为重要的原材料,怎么事先就没有想到其价格会上涨呢？之前我们知道,这家公司向东欧快速扩张,购买了大批工厂、大片森林,都是以长期规划为目标的。但是一旦事情没完全按照计划进展,整个长期计划似乎就搁浅了。一个资产以十亿计的公司将木材的短缺归咎于天气因素,似乎并不应该。为什么不及时多修建几条森林道路呢？

更令人惊讶的是,宜家没有第二套方案。只有一个接一个的临时救急方案,而且被采购战略部(宜家内部负责所有核心采购的机构)采纳了。我怀疑这些未必就是明智的对策。诚然,英瓦尔很早就预测到隐藏的危机,一定也有他自己的对策,不过,他什么也没有做。我和那些负责解决木材危机的同事们见面讨论采购战略部的决策时,他们对所采取的策略越来越感到惊讶。这是宜家第一次显得束手无策。

绝不要收购自己的供应商

宜家旗下的工业集团,即Swedwood AB,很早就提出雄心勃勃的规划,在森林的周边区域建锯木厂和工厂。现在,他们拥有巨大的林区,正在完善和实施这一规划。但是,因为木材短缺,其他的生产都无法进行。不仅仅是因为天气好的时候他们忘记修建森林道路,还有一些不为人知的原因。很多宜家内部的人都不一定清楚,工厂生产的家具根本就没有离开过俄罗斯。大多数情况下,甚至根本就没有生产过家具。如果问到这类敏感问题,回答总是含混的。一切如此混乱,我真是难以理解。我曾经参与开设英国利兹的第一个门店,当过那里的经理。我知道,要是门店开门太晚,我肯定要被开除,这一点也不奇怪。但是在 Swedwood,工厂项目一再受挫,而无人采取任何措施,也没有拿任何人来问责。

更加糟糕的是,Swedwood 乐于将自己看成独立于宜家的公司,其实宜家是他们唯一的客户。宜家有十分之一的产品是通过他们生产的,但他们似乎觉得他们跟宜家没有从属关系。Swedwood 认为自己是与宜家平行的一条输送带。我和其他老同事都不能理解,为什么坎普拉德或者安德斯·代尔维格,都没有将 Swedwood 和宜家的生产整合起来呢?英瓦尔也许更清楚问题的症结所在,但他却对此保持沉默。我推测,他或许感觉到整合两种产业可能带来的危害,因此,宁可忍受产业摩擦带来的短期经济损失,也不愿看到宜家产业历经长期整合后虽然获得局部优化,产业整体性能却最终降低。

原因之一在于,Swedwood 已经获得在宜家的垄断地位。它是宜家最畅销产品生产线的唯一供应商。换言之,他们可以对宜家这个唯一的客户控制价格,另一方面,宜家又不可能让别的供应商取而代之。此外,只要有谁要说宜家某个部门或行业的不是,英瓦尔和采购战略部就会群起而攻之,而 Swedwood 也正好利用了这一点。对此,我有亲身体会。我在门店做店长的那些年里,有好几次因为配货不及时、定价过低,而对相关部门表示过不满,结果却被他们狠狠责骂过。

有一点是肯定的:十年前不是这种情形,那时对原材料加工相关问题的处理是完全不同的,来货中要是有材料缺乏,门店是拒绝收货的。目前的情况只能由那些做决策的人来解释。约瑟芬·里德贝格–杜蒙(Josephine Rydberg-Dumont)应该对宜家的价值链(除门店之外)负全责。她的专业与此完全不对口,同时,又对原材料的采购缺乏用心。而她的前任迈克尔·奥尔森则与她截然相反,奥尔森曾提出过一系列采购战略。约瑟芬的属下、采购部经理戈兰·斯塔克,则是一个新手。而他的前任斯文–奥洛夫·库尔多夫(Sven-Olof Kulldorff)更有经验,在过去的十年间,把宜家的采购团队变成了宜家集团最有竞争力的利器,远比现在的采购团队生机勃勃。至于安德斯·莫伯格出任首席执行官的时候,对采购业务的远见卓识,也远胜于现在的首席执行官安德斯·代尔维格。而才来的Swedwood经理贡纳·克瑟尔(Gunnar Korsell)则缺乏与宜家沟通的经验。再加上英瓦尔自己和他的产业顾问、Swedwood董事会的主席布鲁诺·温伯格又都老了。现在,是坎普拉德的儿子们进入了宜家公司管理层。

这也告诉了我们一个道理,这个道理早在收购Swedwood公司之前,汉斯·莱德尔——英瓦尔称他为全公司第二聪明的人——就说过:"宜家绝对不应该收购自己的供应商。"

大家都想知道最聪明的人是谁,英瓦尔认为是汉斯·斯卡林(Hans Skallin)——坎普拉德商业帝国的幕后设计师兼律师。英瓦尔称他为迄今为止自己见过的最有远见卓识的人。不过,我倒认为莱德尔是最聪明的人。他曾经是财务总监,莫伯格的助理,现在是代尔维格的助理。二十年来宜家的迅猛发展和利润增长与他的努力息息相关。

莱德尔说得一点没错,宜家不应该收购自己的供应商。因为,这样做投入很大,还可能血本无归。同时,一家大公司会被专属于自己的垄断供应商消耗过多的时间和精力。相反,独立供应商更具竞争性,懂得如何通过放低价格、保证供货、保证货源质量,来得到宜家的订单。

结果,作为宜家专属的供应商,Swedwood 公司的产品价格居高不下,常年供货不稳定、交货不及时。尽管如此,宜家还得继续给它下单。其实,如果 Swedwood 公司是独立的供应商,早就被宜家给踢开了。虽然,被踢开的不是这个公司里为 LACK 桌子或 BESTÅ 储物柜生产框架板(BOF)的那个部门,而是加工原木的那个部门。

纯粹从商业策略角度来看,Swedwood 公司的任务是非常有趣的。公司董事会主席是布鲁诺·温伯格,此外,成员还有瑞典宜家总部经理索比扬·洛夫、采购部经理戈兰·斯塔克以及彼得·坎普拉德。公司的重任就是赚取高额利润,足以让任何上市公司眼红的利润。每个下属工厂也都应该产生高额利润。对于宜家来说,Swedwood 公司董事会要求实现不止一级,而是两级"局部优化"。第一级是推高价格,卖给唯一的客户。第二级更加夸张,要创造远高于竞争环境下所能创造的总利润。这一切的背后是前财务经理汉斯·莱德尔在策划,正是他认为宜家不应该收购自己的供应商。我断定,他的理由是如果宜家不得不收购工厂的话,这个工厂一定得在任何情况下都赚钱。也许,现在的情况是,采购战略部的人大都不了解这一策略,或许不想劳神去了解。或者就像英瓦尔一样,避而不见。

显然,收购自己的供应商是一个巨大的错误,也只有宜家这样的大公司才能够消化这种错误。即使损失数以亿计,也既不显眼,又不为人所知,至少不为宜家会议室之外的人所知,更不为公司外面的人所知。而在公司内部,这类事情也很快会被遗忘。问题在于,忘记错误,而不从中吸取教训,这完全与宜家建立学习型组织的目标背道而驰。

宜家之所以明智地广泛投资林地,正是吸取了收购西伯利亚工厂失败的教训,但我不得不说,收效并不明显。只要原木、木段、木板不是以平板家具的形式出现在宜家商场,投资就无法成功。

Chapter 2

为什么必须在全球寻找供应商?

畅销品不能轻易缺货

宜家分布在全世界70个国家(除南美之外)的供应商约有1400家。这些公司与宜家签有长期合同,对产品数量、单位价格皆有规定。一般情况下,因为大多数家居企业占据的是区域性市场,只有宜家展开了全球性销售,因此,因其订单量巨大,而能获得比竞争对手优惠的价格。即使美国的家具巨头塔吉特、家得宝(Home Depot)①,虽然规模比宜家大,但其市场也主要局限于美国国内。

宜家最核心的商业机制是量价关系,这是其他一切的基础。其价格结构非常简单,就是利用数量来谈价,即向供应商承诺采购数量可观的产品,然后要求对方给予价格优惠,并换取长期的合约。由于成本低,便可降低零售价格,因此,销售将不是问题。第二年,宜家的订单又会大涨,然后取得更低的零售价。周而复始,凭借采购人员的沟通能力,宜家的机器得以顺利运行。自然,与其他创举一样,这种"价格—产量"结构是英瓦尔的杰作。

有段时间,有人批评英瓦尔,说他对供应商过于严苛,将供应商

① 美国家得宝公司为全球领先的家居建材用品零售商、美国第二大零售商,家得宝遍布美国、加拿大、墨西哥和中国等地区,连锁商店数量达2234家。

逼得破了产。不过我在宜家时,还没有见过这种事情发生。只是在90年代,宜家开始全球化时,想把主要的业务从西方搬到东方,因此解除了很多与之有过长期合作的供应商的合约。当时,我也参与其中,决定与部分瑞典供应商结束合作关系,转而与中国和东欧的供应商合作。为了恰当妥善地解决这一问题,不至于产生负面影响,我们做出了巨大的努力。这样的决定其实很难做出。想一想,如果瑞典的残疾人因此找不到工作又怎么办?但是,宜家的“价格—产量”之轮必须继续运转下去。这一次,宜家选择向东转移。

中国的腹地才真的金矿遍地

在中国,情况从来都比较特殊。中国人做起生意来比北欧人精明很多。这些年,宜家采购部一直计划进入中国内地市场,但每次都浅尝辄止,没能成功。就像在俄罗斯,你会找到同样的借口:内地交通不便,供应商也很难搞定。总之,价格不会便宜。结果,宜家采购集团和采购商把重点放在了沿海城市,在中国的采购量一直维持在18%—19%。英瓦尔号召采购商到成本低廉的国家去,叫他们“不要惦记沿海酒店里的冷饮”,而往那些至今仍然不为竞争对手注意的内陆推进,但他的话至今都没有人听。

80年代,宜家采购部设立之前,每次在亚洲的采购数量都相当少,而且次数比较频繁。这种生意都由代理商来做,但是代理商既不可靠,费用又不低。因此,90年代初期,宜家就在亚洲各个重要的城市开设了自己的采购部。其中的一个代理商是一个中国人,他买下一个工厂,为宜家家具提供原材料。如果宜家自己的采购商遇到问题,比如成本、产品质量和技术问题,就会请他出面解决,他对整个棉纺厂、印染厂和缝纫厂都熟门熟路。这位代理商一直收费很高,但产品质量还过得去,而且运货及时。所以,宜家总是让他来做。一做就是二十年!很难想象,宜家让这位精明的商人赚了多少钱。

实际上,宜家被中国供应商赚走的钱还远不止这点。宜家以及竞争对手需要的大部分货品或原材料,中国内地提供的价格都是世界上最低的。在这之前,似乎还没有哪家公司能够利用中国内地的巨大潜能。谁能够第一个利用这一点,谁就会在主要产品上获得价格优势,而不为竞争对手击败。几年前,家得宝从英国翠丰集团(Britsh Kingfisher Group)①手中收购了百安居(B&Q),这意味着,美国的DIY链通过百安居立刻就将成千上万的中国供应商变成了他们的业务客户,可以轻而易举进行低价扩张,以便为北美的家得宝市场提供货源。对宜家来说,这个问题是双重的。家得宝是一家非常优秀的零售商,四十年间,其产业从零起步,发展成目前世界上第三大零售商。而且,他们的采购规模是宜家的三倍多,如果他们也善于利用中国内地的资源,足以彻底震撼宜家的根基。但是,为什么家得宝的市场没有向中国内陆推进呢?难道他们就此满足于已经购买的那些现存的连锁店?难道他们还没有意识到,他们现在正端坐在一座金矿上?这将对宜家产生何种启发呢?

有意思的是,大家都注意到了英国的百安居、法国的家乐福正是在这样做,而且已经获得了成功。即便如此,这些商业连锁巨头们还没有充分利用中国的价格、人力资源等各种优势。他们更多地是利用本地供应商为他们在本地市场开设的零售店供货。百安居成功深入中国市场,主要归结于其市场推广策略,他们把中国人安排在公司重要的位置上。宜家的原则却刚好相反,他们把欧洲人安

---

① 英国翠丰集团,总部位于伦敦,是欧洲最大、世界领先的建材家居零售集团,在全球拥有约900家连锁店,近80000员工,年销售额104亿英镑。

置在重要的岗位上。因此,百安居的主管层由于是本地人,易于与当地的政府以及相关监管部门沟通,更加便于获得它们的支持和帮助。如果他们在中国内地有更大规模的采购计划,以供应他们本国市场,将会给宜家造成极大的问题。

宜家让欧洲人管理亚洲采购办的原则,这本身就值得考虑。不过,我从没有听到对此所做的任何解释。或许这是一种倒退现象,是七八十年代的做法,那个时候认为只有瑞典人,或许还有丹麦人可以信赖。这种看法现在又重新抬头,后面我会继续讨论这个问题。而且,这些到亚洲来工作的欧洲人,往往都是举家搬迁,要花费一大笔钱。而且,他们都要求住高档住宅区,孩子都要上英国私立学校,陪同前来的配偶还得安排工作。此外,付给他们的工资远高于他们在国内的薪酬。

人们不禁要问,难道中国人、印度人或者越南人做同一份工作就不比他们做得好吗?当然不是。其他西方公司也招募当地员工,为什么宜家不能这样做?难道是为了保留瑞典文化吗?直到90年代中期,宜家各部门都有一名所谓的“文化大使”,这位大使是瑞典人,也誓言效忠宜家。但到了中国,如果维持这一传统,就得有好几百名文化大使,未免也太多了。现在的上海宜家采购办,有近千名员工,其中半数是欧洲人。前些年里,中国的采购办公室成了宜家集中派发“没用的”西方经理的地方。当然,并不是派到中国来的经理都无能,只是有许多人能力相对不强而已。

再来说说另一个业界现象:每一个采购办公室里,担任高级职位的总是西方人,而职位较低的总是本地人。不仅如此,工资也按两套标准,分别发放给外来的西方职员和当地的中方职员。宜家总是按照当地市场标准付给本地员工薪酬,这就意味着,所雇佣的本地员工的工资水平远远低于瑞典人的薪酬，尽管做的工作是同样的。宜家的工资标准在西方公司中属于偏低的一类。而且，中国员工得不到瑞典员工的福利。其实，亚裔员工接受的教育更多，工作经验丰富，了解当地情况，又有本地语言优势；而瑞典的经理最多会说瑞典式英语。怎么解释宜家的这一奇怪策略呢？或许，其根源还是来自于宜家文化，采购部尤其如此。纯粹从成本效益的角度来看，多雇佣当地员工，少雇佣西方员工，才是正确的。但宜家对未知的事情总是顾虑重重，因此，选择了相反的策略。

自然，宜家想维持低薪水平，这样成本降低了。但是，低薪策略却很难吸引本地的优秀采购商和专业人员。结果，本地员工的能力水平相对偏低，而西方员工的雇佣成本却很巨大。原因在于宜家本来就缺乏对本地人的信任。对和他们不同肤色的人、不同文化的人、说不同语言的人，宜家的采购经理们似乎并不信任。我并不是指责他们是残酷的种族主义者，而是说，他们没有意识到这一点，或者对多元化社会缺乏兴趣（这本身就是一个缺点），从而对本地雇员产生了根深蒂固的怀疑态度。采购办公室的情况令人担忧，但这已经比之前改善了很多。曾经有一批宜家采购部经理，在亚洲推行新殖民主义管理体制，根本不顾人性尊严，不考虑当地的人文环境。90年代末他们离开了公司，因为宜家在发展过程中越来越多地考虑到了这些因素，而他们却认为这些问题与商业并不相干。

好家具不再贵：Lack咖啡桌的奇迹

90年代，宜家就做出了在当时很罕见的举措：将产品采购的重心从西方转移到东欧和亚洲。当时的采购部经理兼策划人斯文-奥洛夫·库尔多夫和他的团队表现出的胆识，即使在今天看来也是难以想象的。现在供应链几乎没有什么变化,而货品配送方式则在改变。同样引人注目的是,当时的成本价格逐年降低5%,而现在则是逐年增长,有的区域甚至是以两位数的速度在增长。

正如我前面所说,宜家最重要也是决定性的竞争优势在于,它能够让成本价格不断降低,而采购的货品量却不断增长。但这还不是全部。它还能够将这些低廉的成本价格转移到更加低廉的零售价格上。其结果便是,门店的销售增加,因而供货的需求量更大。

不过,有成功总会有失败。宜家在中国的发展也有不成功的一面:公司试图在内陆寻找新的竞争优势,但却没有找到合适的人选帮助完成这一任务。另一个失败的事例是宜家自己的工业集团Swedwood,它的表现令人失望。这些年来,宜家在俄罗斯投入了大量的资金,虽说对俄投资是长远计划,但Swedwood已经经营了十年之久,没有干出任何有意义的、可长远发展的事业。

不过,希望还是存在的。有时候,一个人的单打独斗就可能改变局面。哈肯·埃里克森(Håkan Eriksson),宜家一位经验丰富的员工,80年代以来一直生活在波兰。Swedwood于90年初被宜家购买之后,他很快成了该公司的重要人物。他这人极富同情心,非常能干,留着大胡子,看起来比大多数波兰人更像波兰人。其实,他根本不会说波兰语,他的波兰妻子只是教了他几句简单的波兰语。这可难不倒哈肯,因为他会说瑞典式英语,而且还说得真是无可挑剔。尽管英语流畅地道的人听他的瑞典英语会比较痛苦,但他的波兰同事们却并不这样认为。

顺便说说宜家自己的方言,也就是所谓的"宜家瑞典英语"。要知道,对每个想到宜家开创事业的人来说,这是一门必须学习的语言。这是瑞典语与英语的结合,语言形式简单,只为某一群体的需要服务。其特点是,词汇非常有限,语法也不固定。主要是方便实际交流,并非完全遵守语言的规则。此外,这种混杂语言还有另一个特点:发音严重变调。因此,宜家瑞典英语也是一种不断发展的、有生命力但也有缺陷的语言。我在宜家英国工作期间,那里的北欧人倒不是很多。不过,我们说话的音频比较高。有一次,我们从波兰开完会乘坐火车回英国,不知怎么的,和我们同一车厢的英国同事都起身走了,撇下我们五个北欧人。后来才知道他们听我们说瑞典英语,实在忍无可忍。瑞典英语的发音很奇怪,而且意思含糊,逻辑不清,不管是瑞典人还是英国人,都常常听不懂。

好吧,又回到哈肯·埃里克森的话题吧。他和英瓦尔是老朋友,负责管理波兰的 Swedwood 公司经营的几家工厂,生产宜家一直使用的材料——框架板。板材由三层材质构成,中间的核心层为蜂窝状的胶合纸材,上下两面分别覆盖纤维板,再将四周边沿以纤维板或木质材料镶嵌,所以,也称为"边框板"。由于边框的作用,整个板材紧密结实,甚至胜过实木和胶木板,而质量却更轻,价格也便宜很多。框架板曾在二战期间用做航空材料,自那时起,这种材料便主要用于制作门板。

宜家最重要的产品,是框架板制作的 55×55 厘米的正方形咖啡桌 LACK。它成了 80 年代所有家具卖场的必卖品。其款式现代,设计大方。90 年代又成为一款"特惠品",用以推动其他商品的售卖。为此,英瓦尔和哈肯·埃里克森重新整改了一批老家具厂,以便打造板式家具的龙头企业。对于哈肯以及他的波兰工厂经理们和生产技术员们来说,细节再小也不能算小,问题再大也能解决。他们设计了很多生产桌子腿的方法,而桌子腿就是用纤维板制作的。为了提高家具生产的速度,他们发明了许许多多处理家具表面的新方法。为充分利用板材材料，他们还有切割板材的新方法。几年之间，咖啡桌的零售价格从200瑞典克朗降至99瑞典克朗，而且仍然有利润空间。这一切都得感谢哈肯·埃里克森。

打造不可思议的"通用家具系统"

我之前提到过，我作为英瓦尔的私人助理，曾参加在布拉斯潘举行的产品展示周。其间，英瓦尔安排过一次会议，由十几个他最信任的属下出席，类似在阿姆霍特举行的产品咨询会议。我们围坐在一个圆桌旁，桌上摆放着塑料咖啡杯，嘴唇和牙齿之间包着口含烟。出席会议的有厨房部经理汉斯-阿克·佩尔松（Hans-Åke Persson）、现在已经过世的厨房部的领军人物佩尔·卡尔松（Per Karlsson，英瓦尔亲热地称他为"硬纸板"——与他的名字谐音，因为他曾经做过包装技术师，常和硬纸板打交道）、做规划的乔根·斯文森（Jörgen Svensson）、仓储部经理培尔·哈恩（Per Hahn），以及其他几个我记不起名字的人。

英瓦尔讲到他的"通用家具系统"，他一讲就是一个多小时。中间穿插一些逸闻趣事，包括讲笑话，讲他的想法、他的回忆，等等。我那时初来乍到，对他充满敬仰，其实还并未真正理解那些笑话的内容。"通用家具系统"是英瓦尔70年代就梦想要做的一件事。他要做的这件事其实既简单，又绝妙。就是把所有的家具，包括衣橱、书架、储物、厨房家具和卧室家具，全部按照标准尺寸来制作。比如，同样的抽屉、同样的门、同样的辅材和配件，等等，包括各个方面的所有东西，都有统一标准。如果逐一算下来，那将会节省多少钱啊！这涉及产品研发、车间建设、产品生产和原材料采购等等。最重要的是，对顾客来说，更便于了解家具的结构和易于自行组装，因为都是标准的尺寸和配件。正如英瓦尔所形容的,完美至极!

会议之后,有关通用家具系统的事情好几年都没有动静。这就是英瓦尔的风格,凡是改革,他总是非常审慎。他会时不时在布拉斯潘的某个角落,边喝咖啡,边谈他的想法,之后再将这一想法搁置起来。当人们开始考虑他的想法,并开始实践的时侯,他会停下看看,以便清楚下一步会有什么情况发生。卧室和客厅家具部的设计人员已在设法开发统一尺寸的抽屉,但对具体的尺寸大小,却意见不统一。

我再次听到通用家具系统的事,已经是五年之后了。那时,我担任地区门店的经理,分管客厅和餐厅储物区家具。我的几个同事,包括产品经理、采购部经理、产品开发设计师和一个技术员,给我介绍了所谓的 MPS(通用家具系统)概念。他们采纳了英瓦尔的想法,生产了一种通用的储物组合架。

这件产品看上去很奇怪,可以说相当难看。我心想,这是史上最丑陋的家具模型了吧。但是功能性很好,汇集了所有奇思妙想。产品尺寸大小既迎合顾客,又满足生产需要,结合了所有最佳的尺寸比例。这下子,终于找到了储物家具的制胜法宝。只需简单地调整,这套通用家具就能适用于卫生间、卧室和厨房。对于顾客来说,首先要考虑的就是家具的储物功能:需要几个橱柜、多大的橱柜。然后才是橱柜的门、抽屉以及它们使家具所表现出来的风格。而且,推出的家具系列,其价格将远远低于实木饰面的 BILLY 书架的价格。

我们确信,橱柜的饰面应该采用日本贴箔(Japanese foil),那时宜家还没有将其用做家具表面的装饰材料。这种贴箔很薄,上面有印制的木质纹理,价格便宜,很容易让人误以为是实木饰面。使用这种贴箔而不是实木饰面，原因很简单，如果专家都无法分辨是实木饰面还是仿实木饰面(贴箔)的话，顾客又如何能够分辨得出呢？如果与 BILLY 书架的实木饰面家具相比，这种产品价格要低 40%到 50%，这样，宜家的顾客就不难做出决定了。而且，宜家家具设计的前提就是，顾客的钱包都是比较“羞涩”的。

Swedwood 公司在老板英瓦尔的大力支持下，要求宜家家具采用实木饰面，因为他们已经在实木饰面和落叶木加工产能方面投入大量资金。他们的理由是，因为竞争对手使用的是实木饰面，而非仿实木饰面，价格差距已经够大了。我们的理由是，如果顾客不能鉴别实木饰面与非实木饰面，价格差距应该可以拉得更大。我们甚至安排了一个观察小组，在顾客不知情的情况下，通过一个小隔间观察顾客的一举一动。一般会听到他们讨论储物空间，尤其希望听到他们讨论家具的表面精加工。有一个五十来岁的人给我留下了深刻印象。只见他身穿鲜亮的运动衫，趴在一张桌子上，双手抚摸着用仿实木饰面处理过的桌子表面，大声喊道：“我只要天然实木的！”

过了五年，我已先后做过三个地区门店的店长，此时宜家已经启用通用家具系统，而且也一直使用仿实木家具饰面。其中，BESTÅ 系列还成了王牌新品。在产品经理蒂娜·彼得森·林德(Tina Pettersson-Lind)强有力的领导下，通用储物系列已经趋于成熟，成了宜家的畅销品。用宜家的语言，可能就是：“这些家具直接把人领进了木屋。”

BESTÅ 系列家具的选材，并不像人们以为的使用标准刨花板，或是轻质刨花板，而是使用波兰木材加工厂那些制作框架板的人发明的边条板(BOS)。实际上就是框架板，但要薄一些，很像刨花板。

边条板不仅质量轻,生产成本也更低,到目前为止一直都是制作家具的上好原材料。

成败只在一瞬间

但是Swedwood董事会并不看好BESTÅ系列,他们有不同的看法,认为由于工资增长,以及其他的不确定因素,他们不知道将来波兰的这些工厂能否维持下去。至于新建足以满足需求的工厂,连选项都不是。董事会主席布鲁诺·温伯格和Swedwood管理层都不愿新建工厂。产品和采购部门无所适从。英瓦尔和首席执行官安德斯·代尔维格也不表态。BESTÅ新产品开发负责人索比扬·洛夫也在强大的反对阵营面前妥协了。

其实,他们的争议简直没有必要。如若要搬迁,家具厂其实是很好搬迁的。工厂只有水泥地面、四面墙和屋顶,再加一些机器。也许工人更难搬迁,不过对厂主来说,问题不大。我的看法很简单,即使他们已经建立了三四条边条板专业生产线,如果需要,几年后还是可以将这些生产线转移到东方去的。现在,有这么成功的产品BESTÅ系列,而且还有全球250个门店、5亿人次的顾客量、3亿册《家居指南》,他们还犹犹豫豫的,真是令人不解。

结果,供需大幅失调。在销售最为旺盛的时期,边条板的产能严重不足,既无法完全供应BESTÅ系列家具,也不能满足LACK系列的供货。尽管BESTÅ系列只是选择性地供应一些地区的市场,但还是长期处于脱销的状态。这种状态持续了两年,直到Swedwood公司董事会(他们总是生活在自己的象牙塔里面)和宜家管理层认识到自己的错误,建立了几个新工厂,情况才有所好转。"宜家不应该收购自己的供应商",莱德尔这句预见性的话此时才在宜家每个人的心中引起共鸣。宜家这些年来,把时间耗费在讨论Swedwood的话题上,而非讨论原材料采购、商业机遇或其他可选择的供应商。

这事十年前会发生吗?那是几乎不可能的,因为那时,人们的态度不一样。他们过去是很有冲劲的,现在却受到了抑制,变得小心谨慎、机械死板,甚至被自己取得的成就束缚了手脚。二十年前宜家的管理层努力避免问题;十年前,他们在解决问题;现在,他们似乎更愿意被问题牵着鼻子走。我二十年里经历和目睹了不少代价高昂的董事会决议,以及重大管理失误,这次供需失调无疑也是其中之一。由此招致的损失可能高达数十亿瑞典克朗。如果有人干预Swedwood管理层的意见的话,损失将会小得多。不过,这样的损失又一次被宜家这个庞然大物消化了。错误被掩盖了起来,任何教训都没有被吸取。

裁减供应商导致损失惨重

几年之间,宜家供应商从几千个锐减到1400个,具体数字的大小当时被认为反映了供应商在宜家的重要程度。如果你是采购商,或采购策划人或者采购经理,如果评判你干得好坏的唯一标准是减少供应商的话,那你会干得很好。

2006年前,宜家采购经理斯文-奥洛夫·库尔多夫就是这样在做。他像一个总指挥,领导着他的部下(其中女性只有屈指可数的几个人)在全球范围内推行改革。问题是宜家管理层没有人分析过,如果减少80%的供应商,对商品价格和商品供应的影响会怎样。当然,英瓦尔也一直没有过问,直到后来造成了损失。

这项改革在很多方面都欠缺考虑,之前没有任何人论证过,为什么1400供应商正好就是一个最佳的数字呢？是因为这正好与世界各地采购办公室的人力资源相适应吗？供应商越少,每个供应商获得的采购量就越多,采购量越大意味着价格就越低？现在大家才意识到,其实这是一种误解。许多地区的家具业,理想产量都远低于戈兰·斯塔克下的巨额订单。因此,宜家的供应商如果接受更低的报价,就只得破产。实际上,宜家成为自己供应商的唯一客户,这是很冒险的,而且,之前也有过教训。“绝对不要向同一个供应商订购超过70%的产品”,这是宜家内部的一条守则。

宜家达到了供应商减少到1400个的目标,商业结果分析报告仍然没有出炉。不过,负面影响却越来越多。产品经常性严重短缺,各个商业部门的情况都是如此。250个门店的纺织品货架都是空的。同样,木制家具、沙发、灯具,乃至于所有产品系列都供货不足。沙发常常分两个部分售卖:沙发框架和沙发套都分开单卖。沙发框架体积大,因此生产地点离零售店比较近。这意味着每件产品需要几个原材料供应商。另外,沙发套又是在原材料价格和生产成本相对低廉的地方,如中国或巴基斯坦生产。当然,并不是所有材料的销售量都是均等的。20%的沙发套产生了80%的销售量(众所周知的“销售二八定律”)。这就是说,你必须事先准确判断哪一件产品会成为畅销品,这样才不至于造成货品短缺的现象。但这是很多人都难以做好的事情。

那又怎么办呢？八月《家居指南》一印发出来,畅销品就会销售一空。所有畅销的沙发套都卖掉了,剩下大量的沙发框架没卖出去。仓储区的经理差点被解雇。管理层的例会上,每个人都在叫苦,辛辛苦苦十个月,才理顺了,现在又变成一团乱麻。我们所做的,就是为每一种重要的产品安排一个所谓的供应链管理系统,即每种货品得有两个或三个供应商。这不,又回到了从前的老办法。

但是,就我耳闻和经历的一切,我非常怀疑采购战略部的人是否意识到了他们所犯错误的严重性,以及错误的根源所在。一如既往,一切错误又被扫入地毯下面,被掩盖了起来。供应商的减少产生了极为严重的副作用,随之减少的收益达数十亿瑞典克朗。更为糟糕的是,还要应付失望的顾客。他们似乎很难描绘宜家集团越来越庞大的官僚主义帝国内部的决策人。这一切都关乎一个态度的问题——我们常常称之为“傲慢自大”的态度。

Chapter 3

怎样开发最畅销的新产品?

你不知道的“产品矩阵”

布拉斯潘坐落在阿姆霍特市中心,像瑞典任何城市的市政厅一样赏心悦目。红白相间的三层建筑正面入口处,有瑞典宜家总部的标志。建筑物内,有750个来自世界各地的人,大多数是瑞典人,在这里为宜家产品效力。在这个世界上最沉闷的企业集团中央,汇集了宜家主要的权力人物,以及迄今为止宜家集团最有创意的工作使命。宜家落户阿姆霍特之前,这个小城不是这一区域的主要城镇,而如今,这里已有8500户居民,其中2500人在宜家工作。除了拿着一根登山手杖散步,或者在林间空地休闲,这个城市就没什么好玩的了。而公司的派对也很糟糕,让前去的每个人都感到失望。

阿姆霍特是宜家世界的中心,一直如此。这是英瓦尔·坎普拉德明确无误下达的指令,这是保护宜家文化不至于消失的举措。宜家的什么文化面临消失的危险,却从来没有真正说清楚,不过,肯定是慑于某种外来文化的影响。本书对宜家文化面临的“威胁”,将有后续讲述。

历久弥新的组织结构

实际上，宜家自1953年创立以来，离开阿姆霍特宜家总部的只有集团和零售部门管理层。而近十年，零售部门的权力差不多又回到了这里。因此，门店的产品系列的陈列，无论细节还是整体，都由这里的人说了算。每个系列的产品之间的价差（即所谓的价格阶梯）、主要产品的绝对价格、每种产品要销售的数量、要买进的数量、如何装运、如何储存，这一切，都由阿姆霍特的布拉斯潘瑞典宜家总部的人决定。他们掌握着世界50个国家250个门店，每年共有5亿人次的访问量。总之，每一个门店的每一件产品都是阿姆霍特在做决定。

瑞典宜家总部被分为11个业务区（business-area），比如沙发、季节性家具等等。实际上，上世纪90年代初期，英瓦尔和一位集团经理发生了非常激烈的斗争。当时，安德斯·莫伯格引进了一个新的分地区管理结构。也许这听起来完全没有什么不好。新任命的负责北欧区的总经理本特·拉尔森，想把处于中心地位的瑞典宜家总部团队以及阿姆霍特当成“众多批发商之一”。他用浓重的斯科讷（Skane）口音表达了他的这种想法。于是，瑞典总部势力与莫伯格势力相互较劲。英瓦尔暗中支持莫伯格，至少，在那个时候如此。

我那时很年轻，初来乍到，所以现在也无法准确地描述分地区管理的效果。显然，高层之间的争斗和流言飞语都给这种管理结构的推行造成了不良影响。按照莫伯格的管理模式，门店被重新划分为三大地区——南欧、北欧和北美，加上一个较小的东欧市场区。沃尔沃法国分公司前任经理戈兰·卡斯塔德（Göran Carstedt）被聘为北美区总经理。还有一位被英瓦尔称为“药丸推销员”（我忘记了他的名字）的经理负责南欧区，他之前在制药业工作。此外，最为重要的是,瑞典宜家总部的重要地位被大大削弱,实际上只起到了一个批发商的作用。这对于瑞典宜家总部有颇多的含义:这些区域的零售市场因为行政管理、自身的IT解决方案和IT管理产生了高额的间接成本;同时,区域之间的经营竞争更激烈,因此产生了更高的费用。由于每个区域有自己的中心仓储区,优化洲际间的物流管理成了一个难题;但是更加糟糕的是,就在零售商花大力气将采购转向本地供应商的时候,宜家机器的“量价循环”模式却受到威胁,有萎缩的趋势。随着销量的减小,成本价格却在攀升,整个宜家集团的收益也大打折扣。这让还没适应宜家新组织机制的瑞典宜家总部感到困惑。他们做出的应对方式就是全力扩大产品范围。每种风格都应该有一样产品,为此,甚至推出了深沉的英伦风格的书架,桃花心木色调。但这却完全打破了公司原有的设计规则,因为宜家的家具设计理念就是斯堪的纳维亚家具风格,即北欧风情家具样式,这种风格以清新、现代、年轻为特点,完全不同于英国古典沉郁的风格。这款英伦风格的书架摆在宜家最大的几个门店售卖,数量从10000件猛增至42000件。但是,滞销的产品很快累及整个宜家物流系统。

这一时刻,英瓦尔·坎普拉德又一次亲自出马,进行了全面重组,尽管下面吵吵闹闹,意见不一。他这么做,可能基于两大原因:一是瑞典宜家总部逐渐失去了过去的重要地位,积累了一些严重的问题,加上地区之间的竞争,宜家的发展受到了严重的影响。也就是说,莫伯格推行的管理模式损害了宜家的利益。二是1989年柏林墙的倒塌带来了很多的可能性,几乎只有权力强大,甚至专制的、能够控制“量价循环”模式的瑞典宜家总部还能够驾驭。

1995年,英瓦尔的管理模式被广泛推行。宜家最优秀的经理占据了重要的位置,每个业务区的主管在价值链中握有了全权。同时,宜家在东欧买下大量工厂,主要集中在波兰境内。于是,大批量的采购订单转移给了这些工厂——宜家自己的供应商,因为,这些工厂都属于宜家新近收购的瑞典工业集团 Swedwood。宜家——世界上最大的自产自销型零售商,又一次被英瓦尔激活。一切又恢复了往日的秩序。自此之后,无论是宜家集团,还是瑞典宜家总部,其组织结构并没有真正改变——这意味着宜家的组织结构和英瓦尔的原创思想是非常有效的。

英瓦尔是最后拍板的人,而且被证明是对的。很快,外来的区域总经理被冷落到一边,尽管他们谁也没有做错什么。相反,他们都是员工们喜欢的管理人员,几年里为公司做出过令人难忘的业绩。从沃尔沃法国公司过来的卡斯塔德就是一个例子。北美宜家因为他的管理,才能够起死回生,而且还有盈余。有意思的是,造成北美宜家财务亏损的主要负责人不是别人,正是英瓦尔自己的侄子,比约恩·贝利(Björn Bayley)。而那位被英瓦尔称为“药丸推销员”的南欧区总经理,不久之后接管瑞典的蒂布鲁(Tibro)城宜家办公家具业务部,负责宜家刚买下用以生产办公家具的工厂。在他负责管理的那几年,办公家具业务发展非常迅猛,而其他部门的业务却不断在萎缩。就在他干得最好的年头,他被调回到阿姆霍特总部。自此之后,宜家的办公家具业务便开始下滑。目前据我估计,这个部门的营业额只有这位“药丸推销员”在职时的一半。和往常一样,还是由财大气粗的宜家来买单,又一笔数十亿瑞典克朗的损失!

研发产品,靠神奇的"产品矩阵"

每年,宜家要更新约10000个品种的产品。也就是说,每年要开发约3000种新产品。新产品是如何诞生的呢?

宜家有十一个业务部门,都是以三年为一个工作周期,规划当年、第二年和第三年的产品营销。换言之,他们每一年都得兼顾三个年度目标。其中,当年的重点工作主要集中在现存产品的销售,特别是出现在当年《宜家家居指南》上面的产品。因为,那是宜家对顾客做出的承诺。同时,第二和第三年度的产品计划和开发还必须得做。

在宜家,开发一件产品平均耗时两年。对于某些产品来说,耗费的时间似乎太长了,比如一个普通的烛台、一把厨房用的椅子,或者一张地毯。但即使宜家这种企业,也无法摆脱程式化办公所造成的缓慢惯性。显然,新兴企业的活力和创造力在这里不是经常可以看到的。我的意思是,宜家产品始于上世纪60年代的阿姆霍特,这些年来,产品开发机制变得僵化守旧,制定了太多的传统规则,甚至变得怀旧起来。

在开发产品的过程中,瑞典宜家总部几乎没有特别重视的领域。根据我在公司这些年的经验,我认为,这个公司有一种产品研发模式,将会延续相当长的时间。

这就是所谓的"家具产品矩阵",将家具产品以不同的风格划分成几种潮流,每类产品按风格和情调分成四大类:**乡村风格**,被英瓦尔称为瑞典农民的家具风格;**斯堪的纳维亚风格**,浅色调的北欧家具;**现代风格**,在欧洲大陆比较受欢迎;**瑞典潮流风格**,色彩比较俗艳,造型极为奇特。这种分类的基本理念是,顾客能够从宜家挑选到独特风格的家具,然后自行混搭,搭配出或者乡村风格,或者流行风格,或者顾客自己所喜爱的个性家居风格。

四种风格的家具由四个层次的价位组成:高价、中价、低价和超低价,或者用宜家自己的语言来表达,就是“心跳价”(breath-taking item,简称 BTI)。四种风格和四种价位便形成了一个产品矩阵。宜家业务部的人会根据产品矩阵,寻找有待补充的空当,即产品研发的薄弱环节。比如,乡村风格的咖啡桌,超低价的位置出现空白,那么就得赶紧推出。时间很紧迫,说不定竞争对手已经开始低价推出同款产品了,因此,要不惜代价。

我先来简要概述所谓的“心跳价”产品和与它类似的“杀手锏”产品吧。这是产品矩阵中的另一个维度,在产品系列中的作用非常特殊。“心跳价”产品是最普通的,每个品种都有几款。一般有咖啡桌、花盆、各式织品,价格非常低廉,顾客很难不动心。这些产品被称为低价签商品,因为这种商品都一律贴上红边的黄色价签,十分醒目,以此加强顾客对其低价信息的认识。但是一般情况下,每组矩阵中只允许有一款“心跳价”产品,否则会适得其反。

“杀手锏”产品也许是宜家所有产品中最具特色的。这类产品在每个系列中都相当罕见,如果遇到强有力的竞争对手,宜家就会推出这类产品。比如,80 年代是镜子的时代,几乎人人都想拥有一面配上黑色或者铬黄色外框的方镜子。宜家一开始推出了 ALG 牌的装框镜子,但最后却在价格上输给了瑞典那些在加油站售卖这种镜子的便宜商店。宜家于是推出了与 ALG 类似的品种,尽管品牌名称不是 ALG,而是 JÖNS。一般来说,如果推出价格更加低廉的同类产品,就不会再次选用同一品牌名称,否则,会使主要产品的商标名受到负面影响。这款后来生产的镜子尺寸更小,设计简洁,价格极为便宜。很快,便宜店的镜子就卖不出去了。但是,JÖNS 也很快从产品架上撤了下来。于是,只有原先那款经典的 ALG 镜子独自散发迷人的魅力。

另一件“杀手锏”产品要数 90 年代的节能灯。由于节能灯厂商为了共享专利权,组成了商业联盟,早就为这种灯泡制定了全球统一价格,每只售价在 200—250 瑞典克朗之间(约合 180—210 人民币)。普通灯泡每只仅售 2—5 瑞典克朗。一个家庭需要 30—35 个灯泡,试想,如果都用上节能灯,那么,它为环保所花费的钱会高得惊人。英瓦尔因此催促灯泡研发团队寻找一家能够规避专利技术,又将事情办得合乎情理的中国供应商。很快,找到了这样一家供应商。英瓦尔其实并不是要从这种灯泡中获取利润,因为,这些灯泡都是以成本价出售的,而是为了树立环保宜家的好形象。另一方面又不得不说,宜家也从中赚了很多,主要是在采购和物流环节赚了钱。宜家从供应商那里把所有产品全部买下,换取超低价格,再以每只 20 瑞典克朗的价格出售,对整个灯泡市场造成极大的冲击。紧接着,所有比较大型的零售商也都跟进。不久,节能灯大王比尔泰玛(Biltema)也只能亦步亦趋,艰难地跟随在宜家后面。

这款灯和今天的 LED 灯很相似。LED 灯也同样有复杂的专利技术和国际定价,每只的售价也高达 200—250 瑞郎之间。不过依我看,有一点已经发生变化:今天的英瓦尔已经年迈,难以像过去那样激励并督促类似“杀手锏”产品的诞生。而且,宜家除了英瓦尔,已经别无他人能够担此重任。不管是首席执行官安德斯·代尔维格,还是瑞典宜家总部总经理索比扬·洛夫,或者坎普拉德的兄弟们,没有一个人能够像英瓦尔那样和属下认真讨论,用幽默的语言激励他们。我深信,只要这样,今天的宜家还是能够在 LED 灯上出奇致胜的。普通灯泡正逐渐被淘汰,但目前要找到合适的替代品是很难的。尽管LED灯因为专利原因定价一直很高,而且冷光光源令眼睛感到不太舒服,但它仍然是现今普通灯最为可靠的替代品。这应该是宜家的一个机遇。

宜家的一系列经典产品,有三十到四十五年的历史了,比如POÄNG扶手椅、BILLY书架、IVAR储物柜。这些大型家具几乎都具有收藏价值。宜家是不会抛弃经典产品的,即使有更价廉物美的类似产品。

诚然,这类家具最初是模仿之作,但属于创意性模仿,结果仿品成了原创。这就是宜家强劲的对手也有类似产品的原因,不仅如此,他们的价格往往更加低廉。为了避免在竞争中因价格而处于劣势,80年代英瓦尔采取一个办法:每推出一件经典款型产品,就会同时推出另一件产品。后一件产品有一个奇怪的绰号——"小心背后"(watch-your-back"), 简称WYB。相比之下,这款产品尺寸较小,材质较差,外观一般,功能不强,但极为便宜。这些年里,这类产品来去匆匆,很难说它们像二十年前一样达到了自己的目的。因为现在宜家经常在价格上输给对手,这类事情简直是屡见不鲜。

宜家文化中的怀旧色彩,随着英瓦尔的年龄增长在逐渐变浓。近年来,他让一批已经绝迹的宜家产品重新登场,其创作格言是"挖掘珍宝"。不过,这类过去的幽灵一出来便自行消失了,即使是顾客,也意识到宜家的辉煌已经逝去。

显然,似乎有点奇怪的是,像宜家这样一个家居业界的巨头,因为要一再维持市场最低价格,也有走不出困境的时候。十五年前,这种现象是很罕见的,但是现在却是一个普遍的问题了。家居这个行业,停滞不前是致命的。过去不存在这种现象,而现在,似乎没人有英瓦尔的战略雄才,尤其在产品开发这一领域。而其他很多领域,他又留下了很多的空白。根本问题是,宜家必须从每一个价值链中获利:采购、配送、产品开发以及门店销售。即使产品成本大大增加,门店仍然希望产品销售价格比市场同类产品至少低10%(莫伯格任总经理的时期就采用这种销售策略)。但竞争对手的成本价格并没有上涨。显然,这种销售策略变得越来越困难。因为,宜家成本增加的同时,它的对手却在不断向前,占据这个市场。英瓦尔将利润视为价值链的核心。70年代,英瓦尔曾提出九大主张,作为宜家文化的基础内涵。其中对于利润,英瓦尔的阐释是,“利润是很有益的,利润是促进公司发展壮大的手段”。然而,加剧的竞争很可能迫使宜家采取不同的行事方法,减少公司每年赚取的额外利润。所谓的额外利润要依赖一种复杂的商业经营模式,使价值链的每一个环节都产生利润,但其条件是竞争对手都还处于弱势。现在情况已在改变,这样的利润率是难以为继的。不过,今天的家居市场是家居企业各据一方,零打碎敲,还很难真正对宜家构成直接威胁。即使塔吉特和家得宝两大巨头,其主要市场也在北美,与宜家市场的重叠度也是有限的。

一张小小咖啡桌的诞生

产品开发团队总是以具体产品的立意开始的,比如一种咖啡桌。对此,开发团队已经有一些基本构想:方便消费者使用家里的影像设备,有收纳遥控器的地方,有为儿童考虑的设计——桌子的四角、面板和底板都光滑圆润。此外,这款咖啡桌必须很便宜,因此,选材和用料上就得有选择。松木和杉木的材料相对价廉,其木质特点易于让人联想到旧时的乡村风格,是这类产品的最佳选料。只能在不显眼的地方节省材料,因为如果一看上去就显得廉价、不结实,价格再低也不一定能卖出去。于是,开发团队会把他们关于这款咖啡桌的种种构想罗列出来,拟定一个项目名称,比如,就假定为 BOSSE 吧。

项目的负责人,也是产品研发人员之一,接下来便会和设计师见面。他们可能是瑞典宜家总部自己的设计师,或者专为宜家做设计的自由设计人员。见面讨论之后,便会形成一份工作概要。如果概要做得不够全面,或者开发人员对产品的描述不够清晰,整个项目很可能会因此推迟数月。**优秀的产品概要应包括对最终成品的外观和功能的详细描述,这就是说,用文字表达的产品的属性和用途更胜于图样。**也有一些产品研发者带着钢笔、设计图纸到会,但很快他们就明白了宜家的做法,有的就干脆溜走不做了。

第二次见面时,设计师会带来 BOSSE 咖啡桌的多张设计样稿。大家可能会就其中的几个图样达成一致意见。设计师回去之后,会依据那几张选出的样图,对咖啡桌进行正式设计。理想的情况是,在 Swedwood 的工厂车间做这些讨论,或者到另一个供货点去,因为那里有可供研究的模型以及其他相关材料和设备。这样做是为了避免会导致产品成本增加的任何错误。如果产品各个结构的尺寸不准确,整个成本预测便等于零,因为成本有了变动。但现实中,很少发生尺寸不合适的情况,即使工厂经理们可能会抱怨说,产品的设计很愚蠢。

不过,在阿姆霍特也有一个模型车间,这给那些不愿出远门的产品研发人员提供了便利。很快,BOSSE 咖啡桌的原型诞生了。设计师绘制了咖啡桌的三维图形,说明产品的具体尺寸、配件以及拆装功能(以便让顾客可以根据需要自行组装)、包装特点,以便保证产品在物流搬运、装卸的过程中安全、高效,具有可操作性。

整个流程按照既定的详细计划进行,就算遇到种种困难,研发人员也必须克服。经过一轮筛选之后,有的产品会赢得更多青睐,获得优先讨论的机会。研发人员会向大家介绍这件产品,一个由业务代表和设计经理组成的审查团做出裁决。如果 BOSSE 咖啡桌通过了这一关的严格审查,这件产品便会被送到董事会上。董事成员们将最终决定是否同意该产品的生产。当然,这只是理论上的流程。实际上,所有产品都得由英瓦尔来审核,有了他的签名,产品才通过了最后的绿灯。而有英瓦尔辛辣批注的产品文件,便会被打回业务部。自 1986 年安德斯·莫伯格任总执行官以来,英瓦尔就对产品有正式否决权,因此必须认真考虑他的意见。他的意见经常是这样表达的:选材不对、设计难看、功能性差、价格太高等等。有时候,产品介绍文件的空白处会留有他潦草的字迹,经常是一两句尖刻的评语,比如:“愚蠢至极!阿姆霍特本地小店只卖 63 克朗(约合人民币 60 元)!”当然,也有好评,如“不错,干得好!”之类的话。

紧接着,进入产品命名阶段。有的名字取得真是独特,不得不让人惊叹。其实,命名也有其管理规范,业务部在命名的同时,也确定产品的货号。名字取决于产品的种类,根据这一种类,决定一个具体的名称。比如,书架通常都是随男性命名,有“BILLY”、“KOMMENDÖR”;桌子和储物柜随地点命名,有“LEKSVIK”、“ÅBO”等等;沙发也是随地点命名,如“KARLSTAD”、“EKTORP”和“BROMÖLLA”。这些名字全是从一个列有所有可选名称的大文件夹内选取的。随后,产品名称、产品术语、产品货号被一一输入电脑系统,为该产品建立身份。

我和其他几个同事开发了以 AMIRAL 命名的系列储物柜。我们在材料上选用橡木饰面,因为橡木饰面有点未来主义风格,适合当时的审美需求。我们想让这件储物柜成为客厅里的亮点。研发了半年，赶在《家居指南》付印之前，我们将做出来的模型拿给英瓦尔看。他先是抿嘴微笑，然后大笑不止。

他给逗乐了，大声嚷嚷：“我还没见过这么难看的东西！就像东德70年代的火车车厢！”他打赌，这件家具会让顾客万分惊异的。的确，他说对了。这件家具只在门店摆放了一年便撤走了。事实证明，很少有人具备他那样的眼光，而且像他一样冷静、宽容。他知道，如果他就此阻止我们，我们的积极性会受到打击，也学不到任何东西。因为，我们在撤走 AMIRAL 储物柜时，谁都不会忘记他曾经说过的话。而且，宜家再也没有出现过这么难看的客厅储物柜了。

“产品矩阵”神奇在哪里？

我认为，利用“家具产品矩阵”来发现产品研发的空白和疏漏，无疑是宜家最具创新性的竞争优势，具体体现在三个方面。

首先，每种家具风格中衍生出不同款式的家具组合，使每个业务区**比较容易发现一个系列还需要哪些款式的产品，从而及时反馈给设计师**。因此，一种风格便有很多不同的款式。以前，宜家的做法是从供应商处拿货售卖（也就是说，供应商自己开发产品，并按照风格陈列在不同的展场内）。也许有人还记得 ÅBO 系列家具，有床、五斗柜、书架等。通过平庸的设计、吝啬的用料降低价格，其实都是失败之策。因为，大大小小的竞争对手都会生产出仿制品，为争夺顾客大打价格战，市场价格也随之直线下降，宜家从来都不是这种价格战的赢家。ÅBO 的理念是，每个家具经销商逐渐通过节省木材、油漆、配件来降低产品价格，以此打造价格战中最具竞争优势的产品。由于产品没有品牌，便不受商标注册保护。同款产品的区别只在于价格的不同。很快,市场可信度受挫,产品质量也变得越来越糟糕,成了粗制滥造的"农户家具"。英瓦尔经常很不屑地称之为"不值钱的家具"。但不得不指出的是,"农户家具"成了十五年来最为畅销的家具之一。

为了避免ÅBO家具走到尽头,在我出任仓储部经理之时,宜家推出了两款独特的乡村风格的家具——LESVIK和MARKÖR。它们直接在Swedwood工厂车间开发,从设计到产品上架,只用了五个月的时间,相当于一般产品生产过程的六分之一。主要原因除了团队队员善于合作之外,还有当时的工厂几乎没有其他活可做,同时有大量的杉木可供货,杉木比松木便宜很多。杉木的缺点是木材上有很多的瘤节和孔洞,还有各种斑迹,很难制作出宜家经典家具所呈现的表面洁净的效果。但这一难题以及其他的问题都一一得到了解决。只需在胶接处的表面刷一点深色,就会有一种做旧效果。家具的每一细部都要经过设计师、开发人员、生产技师的分析,以便最大限度地利用材料,将价格降至最低。家具的侧面和背板材料做得很薄,但四角和顶部却用的是厚料,给人以结实牢固、质量上乘的感觉。最后到顾客手里时,其价格是895克朗(约合810元人民币),只有竞争对手同类产品价格的三分之一。

LEKSVIK家具系列的灵感来源于古斯塔夫(Gustavian)时期(瑞典的新古典主义风格时期,1772—1785)逐渐被淘汰的家具。其中包括设计师卡瑞纳·本司(Carina Bengs)设计的书架,给人以柔美感。第一次讨论会上,卡瑞纳就从工作坊拿来了这款书架的原型做展示,大家似乎一眼就看出,这款书架将是下一件畅销款。我至今还记得,当采购战略人骄傲地告诉大家,这件产品能够以995克朗(约合910元人民币)的价格售出时,我立即反问,为什么不能以695克朗(约合620元人民币)售出呢,即使这样还有钱赚。我的那位同事顿时恼火地脸红起来,说那是不可能的。他的反应完全合情合理。因为,之前和我们一起讨论过书架生产的生产商说过,更低的价格是办不到的。但是,与几个低成本国家的生产商商讨几个月之后,我们却办到了。不过,同时我们也将产量提高了两倍甚至三倍,以便在以695克朗的价格销售时,门店仍有10%—20%的纯利润。虽然产品价格更低,产品的质量、设计以及生产商的生产并没有任何改变。这一点,宜家的竞争对手是完全不可能做到的。正是这一点,使得宜家这一座大型机器运转自如,生产的家具品质优秀、款式迷人、价格低廉,令竞争对手只能望其项背。

那么,ÅBO跟LEKSVIK以及MARKÖR之间的不同是什么呢?ÅBO是一款普通的产品,款式很常见;其他两款则独具一格,至少设计几乎是独一无二的。与ÅBO之类产品竞争的唯一方法,就是在尺寸以及配件上能省则省。LESVIK和MARKÖR的低价理念则已经成为设计师的设计纲要中的一个重要部分。这一理念通过寻找供货最廉价的供应商,并在工厂车间,由生产技师们的合作得以实现。

虽然这一切听起来很简单,但实际上,在短期甚至中期都难以完成这一工作。近年来,由于宜家集团要求达到设定的利润水平,产品价格已经开始上调,几乎接近竞争对手的价格了。这就意味着,曾经的“优势”已经不再。今天一件LEKSVIK书架的销售价格是996瑞典克朗,而不是2001年首次推出时的695瑞典克朗,涨了43%。

当然,七年之间会有很多变化,不过,通货膨胀并不大,维持在一到二个百分点之间。虽然市场上木材的价格已经随石油价格上涨到一个新的高度,但近年来,木材的价格又回落了下来。其间宜家没有调整价格,比如厨房家具、床垫和衣柜的价格都没有调整。虽然厨房家具比起其他公司的厨房家具便宜很多,却仍给宜家带来超过40%的丰厚的毛利!

其次,家具产品矩阵易于让顾客从相同风格的家具中做出选择,自行搭配组合。同类产品会有多种颜色,就是为了与四种风格的各种家具相搭配。

宜家最优秀的家具设计大师已经制定出家具的各项参数要求。清晰的参数,也**使产品研发人员及其团队更加容易开发出外形更美、功能更强的产品**。因此,研发人员对次年的家具开发不需要完全从头开始,也不需要更新现存的配色方案。一切都已在现有的文件中。

也就是说,瑞典宜家总部能够自行设计并生产外观美丽、功能性强,而且极具价格优势的家具。开发过程始于采购战略人员,他们首先得为产品的低成本提供保障,这也是我们所熟悉的宜家商业理念。

再者,瑞典宜家总部每年都根据**年度商业周期表**运作。从年度周期表中可以看到每一年宜家要召开的决策论坛会议,包括会议的名称、时间、主持人、决策内容等,均有简略的描述。此外,它规定和安排了年度内产品开发的具体过程:从设计到模型制作,再到生产和销售预测,然后是印制《家居指南》,最后到门店销售。一切井井有条,都在周期表中进行了规划。

这有两大好处。首先,**确定了每项研发任务的截止日期**。如果在规定的期限内没有完成,或者根本没有做,便是一个严重的事故,将追究责任人,其未来职业生涯的发展将受影响。其次,对产品开发人员来说,**有可能在期限内及时中止现有研发流程,开始新产品的研发**。如果产品已出现在《宜家家居指南》,但不能实现,同样会对承诺人产生负面影响,他们将来在管理层面前的可信度将会大打折扣。

宜家一直在剽窃别人的设计吗?

关于宜家总有一些挥之不去的传言。其中一说是:宜家有剽窃他人设计的恶习,只改变几处细节部分。用他人的作品来"激发灵感",生产出宜家自己的作品。不仅价格比商业街的时尚产品便宜一半,还仍然漂亮。真是如此吗?

话说回来,七八十年代,宜家抄袭各类畅销产品的设计时,一点也不觉得羞耻。不夸张地说,在某种程度上,这些"偷窃的设计"成就了今天的宜家。不知道这些畅销品对营业额的贡献有多么巨大!许多储物柜、扶手椅、灯具都是抄袭之作,但还是有宜家自己的特点。

80年代末以来,宜家开始推广自己的设计师,《家居指南》上、门店里都有他们的照片。显然,这一做法证明了这个公司的良苦用心,同时,也是竭力提升已经暗淡的自我形象的一种方式。

为此,英瓦尔·坎普拉德十分善于疏导开脱,转移大家对事实真相的注意。他认为,全新的设计是非常少的,每个设计师都是在他人的影响下产生灵感的。这的确是事实。但是,你找一件宜家的独家产品来抄袭试试看!不等你反应过来,已经有一大帮来自布鲁塞尔的英特宜家的律师站到你的面前了。放心,他们会盘问你,一层层揭你皮,再以法律程序让你损失惨重。"相互激发灵感"便到此为止。

换言之，今天仍然有设计独特的产品，而宜家仍然在剽窃，但剽窃的只是一些细枝末节而已。开发产品过程中，设计师的主要任务并不是防止剽窃。我刚上任客厅储物家具经销经理时，就遇到一起抄袭事件。一位年长的产品开发人员找一位设计师开会。会后，他把他给设计师的资料给我看。我看到的并不是对产品特性和功能的详细描述，而是直接从其他商家的产品目录中剪下来的图样。那是一张正方形的咖啡桌，榉木材料，面板是玻璃的，面板下还有一个底层，分割成格子，可做收纳之用。我当时才上任，不知道该怎么处理，简直不敢相信会有这种丑恶的事！更糟糕的是，这件产品后来成了畅销品，一直销售了好几年。这是我在经销部门工作时见到的唯一一次抄袭事件。难道是我的道德观念更强吗，或者是出于对同行设计师的同情？不，都不是。相反，处处为宜家考虑，力求把事情做好，是我的职责。我曾经这样想，现在仍然如此。抄袭别人的作品绝不是可行之路。因为，你总是跟在别人后面，落后于人。换句话说，要是我觉得剽窃是个好办法，我一定会让剽窃成为我的部门的重要策略。

显眼的剽窃是不会再出现了。家具产品开发人员、产品经理和其他同人能力如此卓越，他们让宜家不必再这么做了。而灯具和收纳箱这类产品，我倒是觉得抄袭可能成为开发人员的一种策略。

我离职前见到过一桩灯具设计剽窃事件。那是 2005 年，我们有一个灯具设计项目。当时，项目团队成员在中国深圳参观一家重要的供应商。这位精明能干的企业家带领我们参观，最后到了他的展示厅，厅内全是各种灯具样品，都是抄袭的。后来我才渐渐明白，宜家的大部分灯具，尤其是畅销灯具，都出自这间展示厅、这家工厂。

那些真正成就宜家的小人物

英瓦尔对产品设计以及产品采购的方向影响很大,但是,瑞典宜家总部有一群热血沸腾的人,他们的作用更是至关重要。我认识其中的十来个人。这些人并不是公司的中上层管理人员,但他们总是想方设法让大家采纳他们的意见,争取业务部和英瓦尔的支持,而且他们总是有能力让事情开花结果。

阿克·斯梅德伯格(Åke Smedberg)是一位热爱设计的产品开发人员,可惜2008年就过早地离开了我们的团队。他这人很奇特,甚至有点古怪,脑筋转得很快,很有创造力。他和技工伦纳特·埃里克森(Lennart Eriksson)合作,在一年半之内就让MAGIKER和DOCENT两款畅销储物柜问世。他们联合一位承包商,让传统木板印花技术重现生机。木板印花技术60年代就已出现,但当时的印版既不精致,也没有效率。现在宜家舍弃了在家具表面贴木质饰面的做法,而是直接用滚轴将需要的图纹印上去,就像印刷报纸或者招贴画一样简单。表面效果堪称完美,而且大大地节省了时间。此外,令人意想不到的是,这两款储物组合柜的供应商竟然是Swedwood工业集团。不用说,那位派驻波兰的传奇人物哈肯·埃里克森在负责这项生产任务。

最近的一个事例,是关于采购战略人员丹·培尔森(Dan Persson)(化名)。他虽然不年轻,却充满活力、富于想象力。他也为MAGIKER和DOCENT提供采购建议,比如最初采用轻质硬纸板便是他的主意。他也是那群热衷于给BESTÅ提建议的人之一。

但是,他后来的构想才都是大手笔。英瓦尔知道后,把他请到采购战略部,让他陈述自己的想法。丹讲完自己的想法之后,英瓦尔环顾四周,看看在座的主管和经理们,表情十分严肃。因为,丹提出,他的这一构想需要5000万瑞典克朗(约合4500万人民币)才能启动。

英瓦尔最后说:“今天我们必须对丹的投资项目做出裁决,然后才能散会。据我初步估计,他需要2亿克朗(约合1.8亿人民币)才能马上启动。”

结果,丹拿到了他需要的2亿克朗,现在正埋头为宜家开发一种新型材料。有史以来,宜家的员工和管理高层第一次这么亲近,致力于革新的员工和执著的企业家如此心心相通。丹做的是什么材料?这可是宜家的商业机密。我不愿意公开秘密,其中还有一个原因,我很喜欢自己的这位老同事,对他敬重有加。当然,你自己可以注意观察,也许在下一期《宜家家居指南》里就会有所发现。

Chapter 4

顾客总想立即把商品拿回家吗？

阴云不散的物流困境

我在德国瓦劳分店出任家具经理时，起初都是听取物流经理建议该如何下订单。后来我才了解，这事远远不止这么简单——我得独自负责家具部门，完成门店近一半的营业额，包括近一半的家具仓储和门店管理。门店店长要求我们，年营业额要赶超慕尼黑分店。意思是，如果以现金计算的话，我们将成为宜家最大的分店（就空间来看，斯德哥尔摩的昆根斯库瓦才是最大的分店）。结果，物流经理的那套理论，什么要让商品进行有效的流动啦，如何用这一套来管理家具订货啦，等等，把我害得不浅，不仅工作上出了很多问题，还把我累得吃不消。

第二年我不再用物流经理的那一套来下单。对畅销的家具，我更是格外小心，老早就把货备好。几个星期之后，当八月《家居指南》发行的时候，我便看到了自己的成绩。销量上升了，我们以惊人的速度赶超了慕尼黑门店！大家都欢欣鼓舞，但仓储部经理和物流部经理例外。一连好几个星期，我把仓库的整个后院、周围的区域都占用了，到处摆满装货台，差不多有五十个。一个装货台就是一个大车厢，由柏油帆布盖着，用铰链挂在卡车后面。每天在店内进行例行检查时,我总要避开仓库区,免得见到仓储部经理,因为他每次见到我就很生气,用我听不懂的黑森(Hessian)方言骂人。我不能怪他,因为是我把仓储区弄得一团糟,他简直没法管理。

宜家的阿基琉斯之踵

其实,宜家这座大型机器中,有一个不可缺少的齿轮是英瓦尔很不了解的,那就是物流。这的确令人觉得有点奇怪,因为其他所有领域都完全为他所掌控。比如森林、工厂、产品开发、门店这些领域的事情,从细枝末节到宏观策略他都了如指掌。物流却是例外。但是,公司的竞争优势也产生于物流这一环节。我想,英瓦尔之所以忽视这一部门,很可能因为他把中心仓储区和物流系统看成价值链中庞大的、高成本的,却不产生实际价值的部门。宜家采取的策略一直是对仓储区域进行低投入,以迫使物流系统必须尽可能地有效运转。不过我们应该知道,一切都是相对的,尽管宜家在世界范围内有很多中心仓储区,足以放得下成千上万满载货物的拖车。

物流一直以来都是宜家公司的薄弱环节。1989 年,我在乌普萨拉分店实习的最初八周,听到了关于宜家的一段传闻。就在几年前,宜家差点倒闭。事情似乎是这样的,他们高估了一款沙发的销售前景。这款沙发颜色不好看,材料没选对(沙发套是棕色灯芯绒面料),款式糟糕,价格也定得不准。总之,是彻底的失败之作。不仅如此,销量预测还完全不靠谱。结果,成千上万的沙发卖不出去,堆满瑞典各个商场。那时候,瑞典的门店是宜家销量最大的。另外还有无数的火车车皮准备运装,似乎累及各条铁路沿线。与此同时,宜家的流动资产也被卖不出去的沙发占用,公司面临现金断流的威胁。这时,是瑞典宜家总经理本特·拉尔森将宜家从困境中救了出来。他和他的团队所做的事情就是,全力以赴、竭尽所能销售这款数量巨大的沙发。家具展销中,他们绞尽脑汁,使用各种夸张的推销手段。降价是远远不够的,还必须充分利用门店销售区域内的每一寸空间、每一个展台、每一面墙壁,大力推销。

2000 年 2 月,我在阿姆霍特中心仓库会议室接受了一次质询。

“请业务二区的约翰·斯特内博到会议室来。”听到商场的广播,我便赶了过去。

这个房间很大,就像 70 年代常见的演讲厅。尽管重新装修了一番,但刷白的墙面和老旧的地板还是泛黄,显得阴郁。这栋建筑少说也有 40 年的历史了,过去用做会议室。显然,公司的维修经费跟不上建筑破损的速度。房间尽头有一张长方形的桌子,桌子后面坐着十位表情严肃的同事。职位最高的是索仁·汉森(Sören Hansen),他是宜家新上任的财务主管,还有托马斯·比斯特龙(Thomas Byström),他负责集团的物流,以及几个仓库管理和货物配送的专家。全都是头发灰白的中年人,除了索仁看起来还和过去一样年轻敏捷。托马斯来自哥德堡,天性活泼,任代理主席,表情严肃地主持这次调查会议。并不是每个业务区都会得到这种令人尴尬的无上荣誉,在裁决委员会面前蒙羞受辱。相反,只有我们这种增加了那么“一点点”订单的人才有资格。老实说,“一点点”只是含蓄低调的说法而已。我总是干劲十足,用我在瓦劳那些年的做法,下了太多的订单。

任职期内,我做得最不好的时候,经常就因为独断专行。“行了,就这样吧!”我自以为是,将任何不同的意见挡了回去。

每一个业务区都负责进行全球性采购、配送和销售。我管理的家具区有起居室储物柜、咖啡桌、电视柜以及餐厅家具,这两天正引起关注,因为年销售额突破了 10 亿克朗(约合 9 亿元人民币)。其中的畅销款有 BILLY、STEN 和 IVAR。

托马斯轻轻按了一下开关,将投影仪打开。投影仪哧哧地响,像哧哧扇风的电风扇。

托马斯说:"我们现在的情况很严重,我们想弄清楚,你们业务二区是怎么搞的?打算怎么做?"

托马斯目光严峻,透过鼻梁上架着的镜片看着我,镜片在灯光下变成了深色。业务二区每日的基本营业额是整个宜家集团日均营业额的 10%—15%。但现在的剩余存货已是公司平均存货的两倍。本来,我们就缺少仓库和商店来存放因我的热情而下的很多订单。再加上八月《家居指南》即将发行,所有的新品都要大批量上货,整个物流系统就几乎到了无力承受的边缘,这是宜家最难以应对的季节。

本特陪着我,他负责计划我们业务区的物流和采购。还有凯利·艾克(Kjell-Åke),他很会计算。头天晚上,我们已经汇总了所有解决剩余存货的方案。这些方案不是特别复杂。但是今天的紧急会议并没有提供解决仓储问题的有效方案。相反,整个事情反映出了我们之前从未在宜家发现的自以为是、傲慢自大。

1999—2004 年之间,各大业务区一再被告知,如果我们的销售预测不小心谨慎,公司的配送系统就会瘫痪。就好比一个人得了严重的心脏疾病,却常年不去理会血管堵塞等问题,结果将导致心脏病的最后大发作。同时,基于传统配送比例的配送中心的发展计划正在整个宜家实施。但是由于这一时期货物量激增,仓库远远不够用。好几次，我听物流经理们说，宜家的物流系统已经快崩溃了。意思是到那个时侯，仓储、运输和IT系统以及整个运作体系都可能瘫痪。

宜家最重要的销售季，在金秋

秋季是宜家最重要的销售季，这一季必须完成所有备货。八月是众所周知的《宜家家居指南》发布期，所有新品都得到库，这是宜家对顾客的承诺。这一时期的仓库一般都是空的，因为大多数产品都很受欢迎，不论是《家居指南》中的新品还是经典畅销品。九月和十月的销售额接近全年销售额的40%。如果九月的销售业绩不好，那将是一年噩运的开头，一般也很难在后面的月份把业绩做好。

最为糟糕的事情莫过于销售预测不准确——顾客赶到门店，结果发现自己一直计划好要购买的东西统统卖完了。宜家有大约一百个受过专门训练的员工，在瑞典宜家总部专门从事销售预测工作，他们要预测成千上万个产品的销售量。所有的产品又分成三个服务等级。

服务等级定位为1级的是一些重要产品。比如IVAR系列用的交叉拉杆、SULTAN弹簧床架。每个业务区的经典畅销款也会得到1级服务，如夜灯、BILLY书架、BUMERANG衣架和EKTORP沙发。

1级服务涉及的产品种类不到全部产品的10%，但销售额却在总量中占据很高的比例。2级服务涉及的产品种类也差不多是全部产品的10%，但销售额在总销售额中也只占大约10%。3级服务涉及的产品主要是零零碎碎的物件，也被称之为“填料”，约有5000—6000种，销售额加在一起也不会超过总销售额的20%。

那么,3 级服务产品有什么存在的目的和理由呢?其实,它们是为了给销售产品中的畅销品提供一个销售环境、一种销售情景。德国人称之为“产品销售环境”。我认为,这一说法很恰当地表达了这些产品存在的理由。试想,你去一家只卖粉红百褶裙的精品店,你肯定会在店里转转就走了,即使你喜欢店里那些粉红色裙子。一般来说,你在决定是否要买那条粉红百褶裙之前,也想看看另一条粉红色褶边裙,或者那条粉红色的紧身裙。当然,你一直就想要的是那条粉红色的百褶裙,但是,你心里也在考虑另外两条裙子。

每一个服务级别都有一定的服务要求。比如,1 级服务表示这类产品在整个价值链中一直处于最重要的位置。从生产,到运输,到仓库,再到商店的整个过程都享有优先权。这一切听起来理所当然,但实际运作却并不容易。原因在于,产品销量预测不一定准确。销量预测人员也往往和一般人一样,无法准确预见未来。他们或许会把 3 级服务用在畅销户品上,或者颠倒过来。由于 1 级和 2 级服务产品仓储空间有限,结果只好把 1 级服务产品和 3 级服务产品放在一起,造成储存空间经常不足。

那么为什么他们不以头一年的销售情况来判断呢?这样,他们的预测也许会更加准确。答案是,这对于一个从来不发展、从来不变化的公司是可行的。但宜家每年有三分之一的产品会变化,而新产品并没有销售历史记录。此外,通过调整产品在《家居指南》的位置,或者通过每年的市场促销活动,产品价值也在改变。因此,有的产品价格上涨了,而另外一些则下跌了。令情况变得更加复杂的是,市场的商业前景每年都在变化。因此,没有相关的销售数据可以参考,而只可能对一个业务区进行粗略的级别划分。

此外,进行产品预测时,会参考现有的类似产品的信息和价格。

比如，对商品 1 区的沙发和扶手椅的预测，我们会参考现有的 KARLANDA 每件单品的销售情况。当然，如果另一套沙发十分类似，即使不太吸引人的眼球，价格还要高一些，我们也会参考畅销款 EKTORP，因为我们期望这款命名为 KARLSTAD 的新沙发也马上成为一件畅销款。我们还要把沙发和沙发相比较，比如 EKTORP 的价格就更低。事实证明，那些吸引顾客的沙发，价格弹性往往较大。也就是说，如果要把一张畅销沙发的价格降低，比如降低 20%，所产生的杠杆作用便是，多销售的沙发数量将远远超出原来销量的 20%。让我用实际数据来举例吧。如果 EKTORP 原价是 4990 瑞典克朗（约合 4500 人民币），现在该品牌降价 20%，结果你将不仅仅多卖出 20%，而有可能多卖出 50%。销量的多少取决于顾客对价格的看法。降价后的价格使得顾客不再犹豫，因为对顾客来说，4990 瑞典克朗是一大笔钱，而 3990 克朗则不一定。

为了使这一切行之有效，我们在随后几年中将分批量、以不同价位将 EKTORP 投放市场。之后，我们会在预测销量的基础上，额外再增加大约 20% 产量作为缓冲。我以前说过，销售沙发是一种挑战。赶制沙发框架相对快一些，而沙发套从订货到入库得有半年的周期。如果低估了销量，这就意味着你的损失将达数亿克朗。沙发不可能只卖框架，不卖沙发套，而且“二八定律”在这里也是适用的——实际销售中，一两种沙发套的销量占据所有沙发套销量的 80%。

宜家 2007 财年对 KARLSTAD 沙发的预测是成功的，它成了又一件畅销品。

为什么畅销品老是缺货?

物流和销量预测存在的问题,主要因为宜家董事会不愿拓展仓储区,来处理增加的产品流量。他们奉行的是英瓦尔·坎普拉德的理念。

结果,必须经常性地减少产量,产品才可能得以流通。比如,尽量减少1级服务或者2级服务的产品,以便腾出空间。畅销品需要占据的空间很大。一个托盘要占一立方米的空间,而每一件畅销品每年会占据成千上万立方米的空间。想象一下,有50万个欧标托盘(Euro pallets)[①]上装着同等数量的EKTORP沙发,将会多么壮观!如果销量预测过高,供应商运来的沙发就会像泛滥的洪水,不仅套牢你的资金,而且问题是,你哪里有空间来储存?此外,要是你下次光顾宜家时,想要的那件货品并不在展架上,你可别感到惊讶。如果销售人员告诉你,供应商还没有将货品运抵,或者还没有生产出来,那只是借口而已,目的是掩盖一个简单的事实:宜家最热的产品经常断货。究其原因,就在于英瓦尔·坎普拉德想省去门店仓库的投资。非官方的说法是,宜家货品太便宜,假如所有货品都入库,其成本未免太高。所以,顾客只得忍受这种不便。

不过,许多人或许会惊讶地反问:“如果你们的产品卖得掉,又有充足的存货,这样不是更能赚钱吗?总比存货老是不足好吧”。这话没错,但这只适用于部分畅销产品,也就是所有产品中的20%。而其他产品的情况则刚好相反。宜家的问题是,管理层害怕畅销产品造成物流量过大会让物流部门难以承受,导致他们以此为借口要

---

① Euro-pallets,欧洲标准托盘,是货运专业术语,托盘是货物运输的装载标准,欧洲标准托盘的尺寸是1200毫米×800毫米。

求扩大仓库规模。也就是说你下次再来宜家，却两手空空地离开，主要是因为英瓦尔没兴趣解决物流问题。实际上在我的印象中，他似乎从来没有关心过畅销品是否都有库存这种问题。其实，要保证畅销产品任何时候都有现货，宜家是具备先决条件的：能干的员工、能干的供应商、高效的物流系统。所缺乏的只是用来转移货品的仓库空间。每件产品都需要一定的缓存区，以便于临时储存还没有交付的订货。比如，如果 BILLY 每年的销量以百万计，其缓存区一定就很大。换言之，BILLY 、EKTORP 以及其他宜家的畅销品任何时候都没有库存，因为公司不愿意投资仓库。我们明白，并不是没有能力投资仓库，这仅仅是英瓦尔的冷静谋略：顾客会再来的。

最近，宜家的物流兼采购部经理戈兰·斯塔克提出了一个新观点："以商品的流动速度决定其存货地点。"宜家在德国一个占地面积广阔的仓库里，使用了先进的电子标签捡选技术，存储了整个欧洲销售较慢的产品。这样，流动快的货品就不会与流动慢的货品产生冲突。据我所知，戈兰的这套方法效果很好，畅销产品的物流因此获得改善。这也说明，只要从不同的角度思考问题，总会有奇思妙想产生。

多年来，英瓦尔一直要求物流人员加大力度，直接从主要供应商出货给门店。这个想法基本是好的，这样可以减少使用暂存仓库，成本也会大幅降低。但缺点是，就拿 LACK 咖啡桌来说吧，每次最低订购一卡车，但门店却要 1—2 个月的时间来销售。通常，门店的存货周转大体需要两到三个星期。如果门店摆放这么多咖啡桌，就没办法摆放其他产品了。如果门店想要有足够的空间摆放展品和存货，就必须扩大店面空间。加上近些年来销售持续旺盛，大多数门店的货品都得不到妥善的管理，这一问题变得更加突出。

尽管如此,英瓦尔仍然坚持要供应商直接出货给门店。零售管理部门于是只好主动减少商品种类。瑞典宜家总部会根据面积大小,将门店划分成 ABC 三种等级,然后根据等级规定各个门店应该销售的品种数量。

一个家居商场应该包含多少种商品?

最后,门店代表和宜家管理高层进行了协商。为了保持竞争优势,门店需要的品种数量是多少?门店代表认为是 5000 种。还表示,只要有一些畅销产品就够了。坎普拉德的小儿子马赛厄斯(Mathias)曾经当过丹麦分店的零售经理,他认为只需要约 3000 多个品种就可以了。每次开会他重提这个观点时,都会显得很激动。

“马赛厄斯,如果你将门店销售的商品减少到 3000 个品种,我们的竞争对手会高兴得跳起来。那时候,宜家就没有生意可做了。”他父亲严肃地教训儿子。

马赛厄斯在宜家这么多年,又是一位零售经理,竟然会提出这么极端的看法,似乎很奇怪。尤其是马赛厄斯跟他两个哥哥都是这个公司的接班人。了解宜家的价值链及其竞争优势的人都知道,他的这种看法是很危险的。

不管怎样,协商的结果还是要大幅削减门店的商品种类。大型门店的商品品种要维持在特定的几千种,其他门店则要削减到更少。由于是每个地区和国家自行重新确定门店规模,让人没想到的是,大多数门店都想尽办法不让自己被归类到大型门店,以便更大规模地减少商品品种。事实上,门店固然可以选择更少的商品品种,但是不应该让某类商品的内容受到影响。小型业务如宜家儿童部,从最初的 800 个品种减少到 250 个品种,原本就很小的产品规模现在变得更小了，几乎消失不见了。当顾客发现宜家的产品品种越来越少，没有多少选择余地时，他们购买的乐趣也将消失，购买宜家产品的热情也会成为过去。

顾客总是希望立即把商品拿回家吗?

还有一个情况使门店的供货种类不是问题变得更加严峻：即时拿货。宜家官方的教条是，顾客总是希望当天就把货拿回家。一整套厨房家具也好，一个夜灯灯座也罢，无论顾客买的是什么商品，他们总是想立即取货。其实，理性一点的顾客都会愿意多等一个星期，让宜家售后服务部送货上门。这样可以避免亲自耗费周六一天时间，跑到宜家门店又是选货，又是清点多达300—400个的厨房家具配件，还得推着满满的四五辆购物车去结账。如果只是在《宜家家居指南》里看到的某个座垫，或者一张厨房椅子，那还好办。要是碰上一张沙发就不一样了。像沙发和大型厨房家具，只能安排宜家的家具派送服务部送货，私家车怎么装得下那么庞大的东西？不过，这些理由都不重要。宜家董事会的决定是，商品无论大小，都要“及时满足”顾客的需求。一只蛋杯也好，一张沙发也好，都一视同仁。

其实，“及时满足”是为了应付商品流道和仓储空间不足的问题。如果顾客都能够及时把厨房家具及配件、大型家用电器从门店的仓库搬走（前提是顾客会自己组装），而不是由家具派送部在一周之后送货，就会节省出30%的仓库空间。不过，这可能吗？

可是只要英瓦尔说是这样，那就只能够这样。

尽管有诸多的不足，宜家的物流在全球范围内仍然具有竞争优势。其他零售商几乎都不能像宜家那样有效地利用全球采购，以如此低的价格,将成千上万立方米的货物准确地从全球的某一个地方运往另一个地方。试想,一件产品约三分之一的最终成本是物流成本。这一部分包括运输和仓储,从供应商那里的装货,到门店的仓储,同样成为降低产品售价的关键因素之一。

提到门店的供货种类,以及顾客要求立即提货的问题,我和宜家为数不多的一些人认为,商品种类的多少、大小、体积比其他很多因素都要重要。宜家之所以更加强大,是因为它的供货丰富多样,对顾客更有吸引力。但宜家管理层不这么看。他们认为门店空间的大小决定了它销售商品品种的多少。这种看法有其时代背景。90 年代初,宜家的商品体积比较小,而门店的销售能力比较强,可以容纳更多的商品种类。同时,店内几乎都是可以付现金、提现货的产品。因此,店内的商品多达 42000 种。

但那个时代早就结束了。而今天的市场竞争也异常激烈。过去,很多顾客喜欢自己把厨具搬回家,现在的顾客则觉得这样做太麻烦,宁可请宜家送货。不过对于家具派送,宜家有一套运费计算标准,运送的商品越多,顾客支付的费用越高。这一做法跟常见的生意买卖相反:买得越多,运输费用越低。

如果宜家的商品代表的是宜家的身份(70 年代,英瓦尔将这一点写进了他的《一个家具商的誓约》之中),那么就有充分的理由认真思考商品的问题。如果门店平均供应一千种商品(按照瑞典法律,这涉及商业秘密,我无法给出确切数字),种类少得令人担忧,比起德国、芬兰和北美的主要竞争对手,将毫无竞争优势可言。有的单品,如儿童用品、沙发、办公用品、照明、纺织品,由于供货种类受限,已经对销售和收益产生负面影响了。

也许,宜家跟传统的百货店一样,受困于自己所设定的商业模式之中。这类百货公司什么都想卖:五金、食品、服装、书籍、CD、香水等等。但是物流、货品特色、赢利能力等诸多方面的限制,致使其缺乏竞争能力。如果商品不够多样化,不够专业精致,就不足以吸引足够多的顾客。比如书店,不能只卖畅销书,还得同时卖点别的书才行,以免顾客觉得没什么东西可买。而瑞典亚马逊之所以能够在几年时间内占据瑞典图书市场三分之一的份额,并不是偶然的:它供应的商品无人能及,价格也很吸引人。零售市场的竞争是没有止境的。80年代,我曾在传统百货商店工作过,他们的做法是不断减少商品种类,这类百货商店现在还是那样做,难怪业绩没有起色。

当然,什么东西都卖也不是解决之道。真正的解决方法是,每一个类别都应该有几款能够与竞争对手竞争的特色产品。当然,还有另一条经验法则——如果你能把价格压到比别人便宜30%—50%,你怎么做都会无往不胜。

Chapter 5

危险的“林中仙境”

宜家门店的里和外

前面,我主要讨论了物流,理由很简单,物流效率决定零售商的成败。当年安德斯·莫伯格面试我时,问了我这个问题:“零售业成功的条件是什么?”我就是这样回答的。换言之,如果产品因生产成本或运输成本过高,无法及时运抵销售地,即使质量上乘、设计完美,都会因不能与顾客见面而失去意义。因为顾客是决定成功的关键。

宜家所有部门中,最为大众所熟知的,就是它的门店。许多人甚至以为,宜家的一切工作都是在这扇巨型的黄蓝两色大门后面进行的。实际上,门店的业务是对宜家价值链上游工作是否顺利的一次检验,比如棉花种植基地、工厂生产、集装箱货运以及仓库储存的一切工作。当然还有产品生产之前,阿姆霍特总部为成百上千的决策所进行的讨论,甚至是对非常细节的问题的讨论,比如托盘装运量、包装箱的外观、每批次的订货量等等。每一件产品在经历了种种程序之后,才最终到达门店,等待顾客购买。

家具展厅的布置策略

门店大致由四个部分组成：家具展厅、家居用品区、收银台和仓储区。对于家具经理来说，要想实现营业额最大化，必须布置好两个关键的家具展厅：成套家具样板间和单件家具展厅。

成套家具样板间，是将家具融入别具风格的室内装潢，展示家居实景，样板间的总数一般在50—60个之间。第一个样板间特别重要，家具风格一定要多样化，因为顾客的品味各不相同。最好让每个顾客从一开始就能够发现自己喜爱的风格。因此，样板间的布置也完全按照家具的风格进行：乡村风格、北欧风格、现代或潮流风格。一般情况下，由家具经理决定哪一件产品应该是样板间的主角，比如某款质料特别的沙发，或者颜色和款式特别的储物柜。每个展厅，比如客厅区或者卧室区，会有好几个样板间。

客厅区的主要展品是沙发和储物柜，依风格来组合搭配。之后，沟通与样板间部门（KomIn）的室内设计师，将样板间营造出生活气息，让顾客感觉不仅漂亮，而且真实，使他们也想把这种美妙的居家环境带回自己家里。宜家有一句经典语录：“最佳的销售方式是展示产品功能。”即便顾客只买了一个书架，或者一张沙发，他们也会亲身感受到宜家家居的种种优点。家具经理提高销售量的关键在于，一定要清楚畅销产品摆放的位置。如果是客厅区，沙发和储物柜一般占据中间最为显眼的位置，也就是客流量最大、顾客最容易看到的地方。反之，一些不算热销的产品，放置在客流量较少、顾客不太容易看到的地方。根据销售的“二八定律”，这些产品只占销售量的20%。这些产品也有自己的作用：每个人的需求是不同的，宜家要让每一个人都有收获。

经验表明，家具展厅的布置颇讲究策略，一种所谓的“置物箱”

就被很巧妙地利用了起来。一个家具展厅中大约有 120—150 个白色的长方形箱子,里面装满各种贴着价签的小物品,有设计新颖的,有经济实用的,对顾客极具吸引力。宜家还总会从箱子里选出一两件小物品摆放在样板间里,比如 10 瑞典克朗(约合 9 元人民币)的带灯座的夜灯。**顾客如果买不起沙发,也可以买一个夜灯回去,权作慰藉。也许回到家里看到它,顾客还会因此考虑是否要照宜家的样子重新布置自己的客厅。**

用诱人的小物件“打开你的钱包”

1989 年夏,德国汉堡(Hamburg)斯尼尔森(Schnelsen)分店开业。那年夏天,我刚刚被宜家公司聘用,正在接受培训,和另外一名瑞典临时工一起,在店里干一份很简单的活儿。我俩负责在门店开业那天管理家具样板间的置物箱,具体工作就是把一个两厘米长的金属挂钩挂在每个置物箱的边缘,然后再把几个宜家购物袋挂在挂钩上。这种工作听起来太简单了,任何人都能够做,不是吗?

这天早晨,宜家闪亮的蓝黄两色建筑的大门首次对汉堡居民打开了。店内的广播里播放着来自瑞典乌普兰斯韦斯比(Upperlands Väsby) Europe 摇滚乐队的那首《最后的倒数》(*The Final Countdown*)。在激情澎湃的音乐声中,人们涌了进来。楼梯上、走廊上、样板间里,真可谓人山人海,一片嘈杂。突然,大家静了下来,似乎有什么东西吸引了他们的注意。只见他们愣愣地望着我们。“奇怪!怎么搞的?”我一边想,一边和我的同事把购物袋往置物箱的边缘上挂。我们还没挂上去,很多只手就伸了过来,直接把购物袋从我们手上扯走,迅速消失在走廊的人流之中。

斯尼尔森门店产生的轰动效应，得益于宜家惯用的宣传手段。进店之前，轰轰烈烈的广告宣传（不论是新店开业，新《家居指南》发行，还是只是周五的例行宣传，都不例外）让顾客们对宜家充满期待；一旦顾客迈进店铺门槛，一套成熟的商业运行机制就会在你逛店的整个过程中陪伴着你，轻轻抚摩着你的大脑神经，让你觉得舒缓享受。宜家似乎在牵着你的手，处处周到体贴，领着你逛遍整个商场，好让你尽情购买。沿着顾客通道一路走来，耳边有令人振奋的音乐，前后左右都有清晰的指示标志、门店图示，在许许多多的样板间中迂回穿行，置物箱内、样板间里，随处都是触手可及的漂亮小礼品，这一切刺激着客人强烈的购买欲望，正是这种欲望，使得汉堡的顾客买了很多没什么用处的东西。

夜灯也许是宜家店里最典型的诱饵。当你乘自动扶梯来到家具样板间时，你会在置物箱里看到这种夜灯，10 个或者 12 个一组。宜家内部的人把它叫做“打开你的钱包”的灯泡。原因是，这些产品太便宜，易于引起购买冲动，顾客会条件反射式地拿在手里，毫无顾虑地为之掏腰包。

不管怎么说，夜灯总是有用处的，一组做工精巧、带木质底座的灯只要 19 瑞典克朗（约合 18 元人民币）。**如果你被这种小东西吸引，随手拣一个在手里，你就已经上钩了。宜家让你打开了自己的钱包，一旦你挑了第一件，接下来就会有第二件、第三件。**

听到有一位逛过宜家店的人这样说：“这些东西我需要吗？我真是不知道。”

顾客手上拿的购物袋，黄色的袋子、蓝色的提手，很不好看。你还想知道它的名字吗？直接叫它“英瓦尔购物袋”好了。英瓦尔购物袋只有一个目的：让你尽情选购。在你目光所及之处，摆放着品种繁多的特价商品,价格令人难以抵抗。一路上,层出不穷的漂亮又便宜的商品,不断在你眼前出现,总是在你伸手可及的位置。如果你在入口处忘了拿上一个袋子,你会发现在你准备结账的地方,又有一个置物箱放着“英瓦尔购物袋”。下次你来宜家,就不会两手空空穿过商场了,你那只“英瓦尔购物袋”会被塞得满满的,沉重地挂在肩膀上。

其实,要顾客掏腰包,这只是置物箱的作用之一。它还有很多其他的作用。它的位置是很讲究策略的:家具展厅、家居用品区、收银台、家具自提区,甚至收银台外面的热狗亭都会摆放。根据多年的商场行为科学研究,置物箱的布置和内容都有一套规则可循。当然,诸如此类的研究并不是以学术为目的,而只是宜家自己总结的营销方式,由商场员工自己摸索出来的。**研究结果是:置物箱要不为人注意,但总是装着让人心动却超低价的商品,让顾客控制不住下手购买。**

1998年夏天,英瓦尔、瑞典宜家总部总经理戈兰·卡斯塔德和我一行三人,到瑞典各个门店去视察。其间,我们去了梅拉达伦(Malardalen)分店。一路上都比较轻松,因为英瓦尔一般在视察门店的时候,脾气好,人也高兴快活。可是一到宜家门店入口,我们就面面相觑,不知所措。这真是一个糟糕的场面:顾客拥挤不堪,整个商场都是嘈杂的人流,收银台也是长龙逶迤。地上到处扔着垃圾,指示牌歪歪斜斜,展示的家具也有破损。真的,如果按照宜家标准,这简直太差劲了。门店店长叫罗尼(Ronny),尽管宜家创始人就站在他面前,他却没有丝毫局促不安;也没有因为他的门店很肮脏,算得上宜家之最,而感到一点羞愧。相反,他跟没事似的,很高兴,很热情。英瓦尔什么也没说,与店长一起沿着顾客通道视察。不时,他会钻进家具样板间看看,或瞅瞅置物箱里的东西。对这位他刚结识的新朋友,英瓦尔说话十分谨慎。他会巧妙地拿自己打比喻,给他提建议。整个行程中,我只记得英瓦尔生过一次气。他发现有件产品没有价签,即刻就生气了。这种事情总是让他恼火。要是一张扶手椅或一只花瓶没有贴价签,他肯定马上发火,然后会把产品标价的重要性彻彻底底地讲一通。通常情况下,身边的人一看他脸色不对,立刻就知道事情严重了,足以见英瓦尔在人们心中的威信。

英瓦尔给门店立下了铁规:“商品必须有价签。”逻辑很简单,如果顾客不知道货品的价格,就不会购买。

我前面提到过,家具按照室内功能分区展示,因此,每一个分区包含多个样板间,与顾客通道相连,贯穿整个家具展厅。而单件家具展厅的空间更大,家具展示比较集中。通常,顾客从各个家具样板间出来,便可来到一个汇集了几乎宜家全部产品的区域,有沙发、储物柜、电视柜或者书桌等等,或者成排摆放,或者成组摆放。家具经理根据颜色、材料、风格、功能和大小对家具进行分类展示。比如会把畅销家具 EKTORP 沙发放在一起,因为,顾客有意无意都会按照特定的风格和颜色来挑选家具,只有英国人例外。英国人的沙发不是用眼睛,而是用屁股挑选出来的。他们会直接把整个展场的沙发坐一遍,感觉坐得舒服,就选定了。德国人和瑞典人则是寻来寻去,最后用眼睛找到他们满意的沙发。他们也许会轻轻地坐一坐,然后对着同行的人点点头,表示选定了。

包你上钩的自助购物模式

现在,并不是把所有沙发往偌大的展场一摆,就了事了。宜家还实施了自助购物,而且,这已经成为一种重要的销售模式,很有竞争优势。自助购物不需要售货员来销售,只需要借助《家居指南》、价签以及其他一些标志说明。比如《家居指南》上的标示显示**“EKTORP、颜色——黄、展位——67、货架——G”**,你就可以自己推一辆购物车,找到货品存放位置,再自己动手,把沙发和沙发套装进购物车里。

家具样板间那些漂亮诱人的家具看起来很独特,有个性。现在,在任何国家的宜家店,都有现成的家具组件卖,至少热销家具组件都不缺,不一定完全一致,不过主要部件是相似的。这些组件直接从阿姆霍特发货,用来组合个性家具。

从家具样板间出来,就来到单件家具展厅。这里的销售环境相比家具样板间里让人热血沸腾的家居布置,则理性、冷静了许多。这里的家具似乎是在对你说:“瞧,我们给你提供了多么品种繁多的家具啊!你至少可以选上一张沙发回家吧。”刚刚被激起的购买冲动,现在已经难以遏止了。

单件家具展厅仿佛是突然出现在你的面前。你还没有反应过来,就已经置身于沙发的海洋。你决心要选一款了。你并不知道,**你看到的所有沙发都是热销款,只是价格等级不同而已。因此,你很容易发现你想要的那一件**。最后,你看到了一个价签,醒目的黄红两色,低廉的价格十分显眼。终于,你在这一款便宜的沙发面前,停了下来。你还发现,这款沙发有几种不同的面料。嗯,这种颜色不是你喜欢的,而且坐上去的感觉不够舒服,尽管是三座的,可是只够两个人坐。这时,不知不觉的短短几分钟里,你已经在进行选择、淘汰的选购活动了。你会认为,你终于做出了明智的购买决定,因为你淘汰了更便宜的沙发,而选择了价格更高的另一款。你心里盘算着:"要大一点的沙发,才好多坐一个人。一分价钱一分货嘛。即使贵一点,宜家还是比别的店便宜。"一边想着,一边就去开单订货了。

也许你不知道,置物箱还有一个特殊的"任务":不只是要你掏腰包,而且是让你觉得你是"偶然"来到了堆满靠垫的沙发之中。你选了一个坐垫,把它塞进"英瓦尔购物袋"。即使这次你没有买沙发(也许你还没有这笔钱),但你买了一个靠垫。一个月之后,等你有了买沙发的钱,就知道去哪里买了。而且,你还知道要买哪一款,因为,你已经把那款沙发的靠垫装进了你的"英瓦尔购物袋",正跨在肩上呢。

不可不知的最热区、热区和冷区

为了加深对宜家门店的商业活动的认识,让我们来看一看所谓的"最热区—热区—冷区"吧。想象一下,你面前摆着一张门店示意图。从入口到出口一路都安装了秘密监视器。每走一步,每停一次,都会有人在观察,并在平面图上画上记号。再想象一下,这条通道有一千个顾客通过,每一个人从起点开始,穿过顾客通道、单件家具展厅、样板间,形成一条蜿蜒的线。一千个顾客就有一千条蜿蜒的线,某些区域的线条交叠,显得密集;某些区域的线条较少,显得稀疏。于是,顾客最密集的区域便是门店的最热区,反过来,人迹最少的区域就是冷区。

了解这一点为什么重要?因为,无论是沙发单件展区、厨房样板间,还是家居用品区的地毯分区,都有一个最佳销售位置,这些位置要留给每一个产品类别中的畅销款。听起来就是这么简单。畅销品越是重要,就要放置在越热的区域。其热度只取决于大多数人对它的需求程度(否则也不能称之为畅销品)。在热区和最热区,畅销品接触的顾客或者潜在的顾客更多。如果你已经知道这种规则,也可在杂货店或时装店的经营中运用。

问题是,地方小零售店、国家级甚至世界级大型商场都很少在商业经营中遵从这些简单的规则。尽管,也有很多商店有类似的规则,但它们很少像宜家这样,把简单的规则坚持到底,并不断完善。也许是零售业仍在发展,不如制造业成熟的缘故吧,当然,世界最大的日用品零售业例外。多年来,“热区—冷区”原则、置物箱的利用、单品家具展场、样板间展品区,宜家一直遵循着这些简单而基本的原则。有这方面经验的人,一眼就能看出哪里是热区,哪里是冷区。如果不去研究这些基本的规则,就只能靠碰运气或者主观感觉来决定畅销品在展区的位置。糟糕的是,只凭个人喜好和感觉而不是根据顾客的需要来安排产品的展示,将造成销售收益的损失。粗略估算,其损失可能高达30%—40%。

每个宜家门店都有的独门秘籍:《三A一王手册》

实际上,宜家已经先走一步,以便完全实现门店产品的杠杆效应。每个国家和地区的宜家店都有一本较小的《三A一王手册》,不是由宜家总部出版,而是宜家各分区负责编辑出版,因为不同地区的人们审美趣味差异较大。比如,德国人不喜欢橡木家具,因为橡木家具让人回想起满是油污、做工粗糙、散发霉味的传统家居环境。英国人比较喜欢富有装饰性的家具,荷兰人喜欢鲜艳的橙黄色。原则上,各国门店95%的产品都一样,但是,哪些产品会成为畅销品，还是与当地的需求和品味有很大的关系。

《三A一王手册》推出常规系列中的热销产品，分类简单，一般根据材料和功能分成几个大类。比如，客厅储物大类有这几个小类：咖啡桌、储物柜、电视柜。每一个小类又按产品类别细分，如储物柜包括BILLY书架、BESTÅ储物组合柜和IVAR组合架。

手册中，每个系列的所有产品都要推出三种类型的畅销产品，即**三A**：高营业额产品（畅销品）、高毛利润产品（利润率最高的商品），以及促销产品即“心动产品”。再加一种新产品，**即一王**——有望成为畅销品，或可能拥有高利润率的新产品。每个部门的负责人不可能在日常的营销中兼顾所有产品。宜家为此制定了一个基本原则：重点管理。这个背景下，产生了这种所谓的“三A一王”的管理方法，即重点关注上述三种类型的畅销品以及一款新型畅销品的销售。只有这样，销售经理才能圆满完成销售任务。

如果你负责门店某一个区域的业务，产品类别是其次的，你只需要按照手册来规划如何展示绿色植物或五斗橱即可，而手册本身是以营销“二八定律”为基础制定的。不重要的产品分在不重要的区域，即冷区；畅销品布置在热区或最热区。当然，并非只有宜家才按照畅销品手册和其原理进行分类分区，不过坚持这么做的商家的确寥寥无几。

在“危险的仙境”中，你下手了

宜家非常善于诱惑顾客，使用的手段微妙自然，极具竞争优势。虽然宜家门店唯一的目的就是要让顾客掏腰包，买得越多越好，但达到目的的手段可谓匠心独运。宜家对你的诱惑，从你乘扶梯之时就已经开始。下了扶梯，你来到家具样板间，遇到要让你“打开钱包”的置物箱,你取下“英瓦尔购物袋”,把手里那些价廉物美的小东西装进去。

接着,你漫步到那条主通道(一条灰色步道),它引你走进家具样板间,你不断发现种种令人赏心悦目的家居用品。你走到哪里,哪里就摆放着有趣的、丰富多彩的物件。头顶上方有悬空的指示标志,过道边不时有楼层平面图示牌,地板上有各种指示箭头,犹如一只无形的手,牵引着你,有力而又轻柔。

一路走来,顺顺当当,也许你可能都没有注意到,灰色步道任何部分的直线长度都不会超过 15 米(超过 15 米就会被称为高速公路,那将是一个严重错误),然后就会有一个转弯。之后,再是一段直线的路面,然后又会出现一个转弯,引向另一个方向。你一转身,不知不觉来到了热区,这里都是热销的经典款,或者新的畅销品。你就这样走过整个商场,一段直道,一个转弯,又一小段直道,一个转弯……虽然几乎目不暇接,但你不会觉得疲惫,你的眼睛带领你从一个目的地走向另一个目的地。“英瓦尔购物袋”换成了一辆购物推车,才能把你拿的那些东西装进去。

最后,你来到了收银出口处,推车里已经载满货品。想一想这整个购物过程,牢牢牵引着你走过整个商场的力量却显得非常微妙,你根本就不会注意到它的存在,也不会去想你是如何在它的影响下做出购买决定的。你可能以为自己只是下意识地走过了商场。

当你在这片“危险的仙境”(德国人戏称宜家商场)漫步之时,你看了看自己的购物单,第一件要买的东西是五斗橱。你走过卧室家具单件展厅、衣柜单件展厅,来到五斗橱单件展厅。这时,你心想,卧室的家具漂亮极了,里面刚好有你在《家居指南》里看中的五斗橱!现在,你面前是五斗橱的海洋,但是它们之间的差异却太大了。首先,虽说是海洋,却并不无序混乱。其次,家具的所有细节,无论多么细小、多么微不足道,都完全展示在你眼前。

在几排或几组五斗橱之间,还开辟了两三条不太显眼的小道,便于顾客在其中穿行选购,小道一直通往商场的后壁。通常情况下,五斗橱依颜色摆放,也可能依商品的系列摆放。有几件商品用白色符号标注了价格和打折信息,这些就是畅销品。你在《家居指南》中选中的五斗橱,你可能会立即在这里找到,因为它很可能是一款畅销品。再走几步,你可能就会看到一个黄红色的价签,上面另外还有粗体黑色标价。这就是让你“心动到透不过气来”的商品,黑色粗体字的标价只有一个任务——强调低价的信息。因为,即使你想买的那款五斗橱未必很便宜,接二连三出现的低价标签也会让你产生错觉,使你不知不觉就认为眼前的所有东西都很便宜。

如果你站在这些五斗橱中间,认为自己在进行理性的购买,那你就错了。《家居指南》中的畅销品,加上这里的样板间和单件家具展厅已经成功诱惑了你。价签上的价格和产品信息更加深了诱惑的力度,最后,你下手了。

成功销售来自长期积累的团体智慧

在这一章里,我详细地说明了宜家如何把一种古老却有效的销售技巧,提升为一种现代的销售理念。他们在规划销售分区时,就极为关注细节,对每一个细小的环节总是一再察看、探讨。我本人就参加过几次这类的讨论。讨论简直漫无尽头,数小时、数天地讨论一个细节。比如,靠近入口的展场边要摆放一款沙发,如何才能让沙发给来往顾客留下更为深刻的印象呢?以 45 度还是 60 度的角度摆放这款沙发呢?约十个人组成一个小组:有家具经理、沟通与样板间部门的室内设计师、沙发展区负责人,以及门店店长。大家争论不休，争论的内容可能在外人听起来会觉得不可思议。这类讨论集中了业务精深的室内装饰师、沟通与样板间部门的公关人员，以及销售人员的团队协作。这群人具有不同的知识背景，有各自的工作目标，但都希望提高销售，贡献富有创意的思想。正是从这些人的集体讨论中，宜家才有了今天的竞争优势。

宜家的竞争对手施行的往往是强行推销，基本的销售方式类似于喧闹的大甩卖。宜家却在营造林中仙境，引诱消费者前往。到目前为止，还没有竞争对手能够超越宜家。这一切源自宜家人几十年积累的智慧，跟家具经理的销售能力、室内装饰师的审美品味以及推销人员的辛勤努力息息相关。善于经营的百货公司，其运行机制总是充满活力、生机勃勃，但是，它的机制永远无法放入一本万能手册，放之四海而皆准。

收益第一：门店的核心使命

宜家在各国的销售经理负责当地的市场营销，目的就是吸引客人。所谓客人就是光顾宜家的人。一旦这个客人拿起一件宜家的商品，他（或她）就变成了宜家的顾客。

宜家门店有两大主要任务：

第一，把尽可能多的到店客人转变成宜家的顾客；

第二，让顾客在逛店时购买尽可能多的商品。

相反，如果来宜家的客人走过门店而两手空空，则是巨大的损失，因为宜家花了很多钱来吸引客人前来。如果他们已经被吸引进来，就应该买点什么；如果他们买了，就应该尽可能地多买。最后，在收银台，顾客从购物袋里每多取出一件商品，宜家便多赚一份纯利润。

现在,一本《家居指南》要花 30 瑞典克朗(约合 27 元人民币)印制和发行,每年宜家要发放数亿册。这些钱都得从门店收回来。除了瞄准宜家潜在顾客的公共关系部之外,市场营销部也在分发《家居指南》。《宜家家居指南》成了当今世界发行范围最广的印刷品。它由阿姆霍特的一家宜家公司制作,其工作室被认为是北欧最具规模的工作室。目前的印数为 19800 万,分 27 种语言,有 52 个版本。如果将印刷的纸张转换成木材,这么巨大的印数需要砍伐的森林面积将令人瞠目。每年,宜家对木材的需求量也随宜家的年增长率而增长,其增长率在 15%—20%之间。

尽管公关部人员的工作与门店店长的工作很不相同,但他们的目的是一致的。门店店长必须和门店员工一起将尽可能多的到店客人变成顾客,而这些客人就可能是公关部和《宜家家居指南》带引进店的。门店店长的商业营销任务还包括协调工作。公关和设计人员具有创新思想;销售经理则对顾客的需求有独到的认识,对产品的销售效果有深入的了解。他们之间需要门店店长进行协调沟通。目的还是诱惑客人,让他们尽情挑选,塞满购物袋和手推车,直到他们自己都感到惊讶的地步。

门店店长的第二个任务,是为购买过程的顺利营造条件。换言之,这种情况下,顾客可能买得更多,但营销耗费的资源却更少,销售过程反而更为顺利。因为营销过程本身是不产生任何收入的。一旦营销效果不佳,便会产生很多支出,比如收银台人员过多、产品流通失控(仓库货架难以容纳)、产品配送计划有缺陷(配送量不稳定)。这一切都会造成额外的费用。

每天营业时间结束后,有两件重要的事情要做:补货和整理。这就是门店每天必做的工作。

零售阶段要获得不错的利润率,就必须让收益最大化,即将到店客人转化成顾客,并装满他们的购物车。同时,还得注意经营方法和成本。

我曾经在德国瓦劳分店做店长,那个门店的营业额在几年之间跃居宜家全球各个分店之首。后来,我又在英国利兹分店任店长,第一年基本上是一边建店,一边经营。以我的经验,我认为,我们的成功销售主要有赖于大肆宣传。从伦敦布伦特公园宜家分店过来的市场部和公关部,成功地在我们的客源区制造了声势浩大的宣传。1995年,利兹分店开业的那几周,从门店到周围方圆几英里的地方,各大交通要道几乎瘫痪了。利兹当时有大约500万居民,距离门店约1—2小时的车程。店门口排成100—150米的长龙,等待门店开门。收银处的队伍之长,简直要让你急得哭。门店的销售额远远超出预估。因此,销售瓶颈也就此产生。我和我的500个员工都非常卖力,几乎每周都没有休息时间,才熬过了最糟糕的时候。有一段时间,利兹分店在宜家欧洲各分店中名噪一时,因为利兹分店不仅建店成本超低,而且建设速度很快,只用了十一个月的时间,还采用了当时最新的商业解决方案。分店的销售比预期超出30%—40%,同时,营业成本大大低于预算。因此,时常有远近的同行过来参观,想看看奇迹是怎么产生的。可以肯定地说,正是这个分店的成功才奠定了我在宜家的事业基础。后来我离开利兹分店,成了英瓦尔的私人助理。离开分店时,销售大厅的地毯开始卷角,有些地方已有磨损。地毯该换了,其他一些东西也该换了。不过,宜家哈姆博柏克办公室内的地产部可不这么认为,我这才理解到什么叫“吝啬”。

Chapter 6

这就是宜家文化

石墙绿苔的迷思

有关宜家的发家史，在宜家自己的媒体和托尔卡受命写作的著作中有一个官方的说法：宜家起始于一家小公司，当时的一帮人齐心协力，不顾旁人反对，使公司存活了下来，他们并无什么过人之处，却心无旁骛，一心只想着公司的利益，英瓦尔·坎普拉德也与他们一道并肩奋斗。

有一幅画展示了宜家最偏爱的官方形象，画的是瑞典斯莫兰省的一处夏日景观，一面古老的花岗石墙上布满了苔藓和地衣。这幅画比喻宜家的企业文化扎根于斯莫兰省贫瘠的土壤中。

瑞典广播公司（Swedish Broadcasting Corporation）的档案里有着一条新闻，那是他们在 1965 年昆根斯库瓦分店开张时所做的一段专访。那时的英瓦尔还不满四十岁，穿着庄重的定制西装，满脸严肃，嘴上叼着烟斗，颇显睿智，鼻梁上架着一副玳瑁框眼镜。这与我们今天所熟知的不打领带、不穿西装的英瓦尔形象大相径庭。

也是在那段时间，英瓦尔买了一辆保时捷跑车。大约十年前的一天，作为他的助理，我到昆根斯库瓦出差。午餐时，我偶遇两位多年未见的老同事。自昆根斯库瓦分店开业起，他们就在该分店负责家具销售。听说我做了英瓦尔的助理,他们就跟我详细地讲了英瓦尔的变化。昆根斯库瓦分店开业前,他们在阿姆霍特参加宜家的内部培训时,在好几个场合碰见过英瓦尔。当时宜家总共就几百名员工,可坎普拉德从来都不愿意降低身份与大家打个招呼,甚至连交换个眼神也没有过。其中一位同事说:“他看起来好像很腼腆,但是他的眼神又很自信。谁也不会相信,他如今会变得这么有人缘。”

这也是我想说的一点。几年后,到了 20 世纪 70 年代初,一个全新的坎普拉德形象猛然出现,正是我们今天所熟悉的形象。这个时期,宜家开启海外事业的时代开始了。英瓦尔开始吸口含烟,不再用烟斗,留起了胡须,穿起了破旧的衣服,身边同事也都这样,虽然他们比他年轻很多。不得不说这是个巨大的变化。一个四十多岁的人,一下子脱掉经典的定制斜纹西装,穿上当时流行的丑得难看的衣服,烟斗换成了口含烟,从寡言少语变得活跃健谈!

传奇《誓约》的诞生

你可能要问,英瓦尔·坎普拉德个人风格的变化与宜家文化有何关系?实在大有关系。我认为,正是英瓦尔个人风格的巨大转变孕育了宜家的企业文化。我们也许永远也不知道那时候他的感受和想法,以及这一变化背后发生了什么。但是不管怎么说,英瓦尔彻底变了。他从一个典型的一脸严肃的主管、一个或隐或现的独裁主义者,变成了一个现代企业管理者,像时下的年轻人一样,烟含在嘴里,留着并不美观的发型,尽管实际上他还是如以前一样是不容争议的领头人。

我以为,与表面上的很多变化相比,本质上的变化还要大得多。大约正是在这个时候,英瓦尔开始创立“节约、简单”等理念,这些理念后来发展成为《一个家具商的誓约》里的九大主张。这九大主张,加上他的商业理念和创业远见,构成了今天的宜家文化。一夜之间,英瓦尔从老派的严苛变得平易亲切,这其中的原因便清晰可见了。这一转变恰逢整个社会的巨大变迁。

自宜家创立之日起,英瓦尔·坎普拉德就善于捕捉和利用社会转型之机为己所用。他从小商品邮购生意起家,后来发展到经营平板包装家具。很早的时候,他便认识到汽车的用处,发现在城市近郊开零售店和引入自选商业模式的可能性,意识到这一切将为宜家带来成功。我们接下来会看到,多年以来,他在改造公司基础架构方面非常敏锐。也就是说,正是对于新理念、新潮流的敏锐嗅觉,才是坎普拉德天才的真正体现,也才是宜家取得成功的关键。

宜家的许多方案都是全新的创意,比如顾客到仓库自选商品便是其中之一。昆根斯库瓦分店刚开张那几天,由于顾客大量涌入,店里一时难以应付,便想出这一招作为临时解决办法。工作人员打开仓库的几扇门,让顾客自己把货物一箱一箱地拖到收银台结账。可以这么说,坎普拉德总是紧跟时代步伐,有时甚至超越了时代的步伐。

宜家的理念是"为多数人创造更加美好的生活"。这一点使它有别于其他的公司,沿着以下九条主张的指引,走出了自己独具特色的路:

(1)产品,是宜家的标签

(2)宜家的精神:坚韧不拔、热情满怀

(3)利润带来资源

(4)以小投入,获大回报

(5)简单是一种美德

(6)敢于与众不同

(7)专注,是成功的关键

(8)勇于承担责任

(9)永不止步,创造更加辉煌的未来!

这些写在《一个家具商的誓约》里的崭新理念,用瑞典斯莫兰方言,将中国古老哲学、人人皆知的常识和精明商人的独到见解完美地结合在一起。我最喜欢的是第一条——“产品是宜家的标签”。作为一个零售商,全身心投入产品开发,不管是过去,还是现在,都将使他领先于别人。即便今天,家具领域的零售商也很少有人会彻头彻尾地开发自己的产品,他们只是从别人的货架上购买现成的设计。宜家与他们不同,主张“我们卖的是宜家的”,意思是说,宜家的产品有自己的设计、功能和价格理念。宜家产品始终处于行业前沿,更清楚地说明了宜家理念的成功。一切由产品说话。在多年的海外扩张过程中,宜家始终坚持认为,以低价销售斯堪的纳维亚特色家具,对宜家至为重要。尽管在较为艰难的时期,引进日耳曼大型家具和不列颠装饰品作为新品销售要来得轻松,但是,假如背离了长期建立起来的身份标签,就会影响公司的品牌形象。从遥远的斯莫兰来到陌生的海外开拓市场,这样做无疑是充满风险的。

因为安守本业,所以与众不同

关于宜家以产品为标签,有一个生动的故事。20 世纪 70 年代,汉斯·艾克斯(Hans Ax)任总经理时,宜家店铺开始遍布瑞典全国。我是在他退休以后才见过其人,尽管已经退休,也依然给人一种不随和、尖酸刻薄的感觉,好像他对任何事都比别人多了解一点。

那时候,昆根斯库瓦分店的店长是本特·拉尔森,这位拉尔森先生后来做了瑞典区总经理,最后又做了欧洲区总经理。有一天,拉尔森陪同着艾克斯在店里巡查,艾克斯开始总是居高临下地对他认为不对的事情做一些评价,后来就不怎么说了,拉尔森心里就渐渐得意起来。又走了一阵子,他们视察完店铺,来到了收银台,发现那里堆着一箱一箱的黑胶唱片,还播放着嘈杂的舞曲。艾克斯用古怪的眼神看着拉尔森,拉尔森赶忙往前挪动了一小步,用浓重的斯科讷省南部方言自豪地说:“你看,我搞到了一些便宜的代售品。”

没想到这个不苟言笑的小胡子男人严肃地说:“你是要主动辞职,还是要我开除你?”

拉尔森当然想要保住他的饭碗,最终自然也是幸运地保住了,不过这件事反映了一个重要的问题,那就是宜家的精神。现在人们会这样说:

1. **在宜家,我们就算是牛奶也可以卖出很多,但我们不能这样做。**
2. **只要与家具无关的商品,宜家就会谨慎对待。**

不过,宜家也卖过几年电视和烤面包机,但是都卖得不好,唯一例外的只有白色家电(即大型家电,如冰箱、洗衣机等),如今能在宜家卖场占重要分量。宜家始终认为要“安守本业”。

《一个家具商的誓约》体现了宜家的指导思想,即“以小付出,获大回报”。围绕这一指导思想,宜家确立了一系列标志企业文化的符号。我自己最喜欢的一个理念是“追求独创”,意即宜家在寻找自己独特的发展道路。1964 年,宜家选择斯德哥尔摩市郊的一片土豆地开设昆根斯库瓦分店,这便是最好的证明。另外,宜家把店里的金属箱漆成蓝色和黄色,而此前不知道出于什么原因,所有店铺一律用红色和白色。从此以后，宜家就开始以瑞典特色为招牌，并且开始在店里卖起了白兰地酒、姜饼和凯利鱼子酱。

就是以这样的方式，这些年来，宜家在大小事情上都把公司的商业理念、英瓦尔的远见和这份《一个家具商的誓约》作为生存法则，坚守至今。自然原理告诉我们，越是靠近公司权力中心的人，越能体会这三个生存法则的力量。

在德国，有很多人讨论宜家独特的企业文化，但是很少有人了解它的真正意义，或者说很少有人在乎其真正意义。我在德国工作的时候，公司有一帮瑞典员工，他们对瑞典政治文化坚信不疑，宜家聘请他们也是为了证明这里有所谓的宜家企业文化存在。当时有一位相当古怪的市场经理和他的妻子，他们浑身上下体现出一股宜家文化的气息，跟官方文件里写的一模一样，连阿姆霍特的员工也没有他们那么坚定的信念。这位市场经理最大的爱好是收集哈雷摩托。另外，虽然大多数人用敬称相互称呼，但宜家的员工都用更亲切的德语称呼 du①。直到 20 世纪 70 年代末，外界都对这些现象感到奇怪。这一点恐怕是宜家与德国家具商的本质区别。

在英国，宜家没有这样古怪的来自瑞典的市场经理可资利用。虽然这里也有很多来自瑞典的管理人员，而且像安德斯·代尔维格这样的人在文化形象上对布兰特公园分店或其他分店的管理人员有所影响，但是至今我也没有发现瑞典员工特有的谈话、合作或交流方式传播到英国的丝毫迹象。

① 德语的 du 相当于汉语的“你”，是较为亲切的称呼，与敬称 Sie(您)相对。

价值观的力量

究竟什么是企业文化？现成的定义有不少，但是其中一个说得极为在理——企业文化就是员工在日常工作中努力追求，并使一个企业区别于竞争者的价值观。如果某企业认为守时很重要，那么它就会比其他公司更注重时间观念。在这方面，瑞典铁路公司很有意思，他们的管理人员对旅客态度傲慢，火车常常晚点，车上拥挤不堪，票价也很贵，涉及投入的决策往往很久不能出台。但是，遵照他们的价值观，列车上的服务员总是极其认真地为旅客提供最上乘的服务。

企业之所以愿意花时间和金钱创造企业文化，根本原因在于企业文化所具有的内在价值：增强该企业战胜对手的竞争力。如果所有的员工持同一个价值观，说同样的话，就不会发生冲突和摩擦，因为大家都为着同一个目标齐心协力。所有员工心往一处想，就能使多元文化和谐相处，避免造成价格飙升、质量下滑等问题，为公司创造出更优质的产品。

企业文化有好的一面，那么它也有不好的一面吗？答案是肯定的，这将在本书后面部分谈到。我只是想说，判断一个企业文化好不好的标准，主要是看它能否促使企业或者社会获得长期的可持续发展。同时我认为，优秀企业的最大特点是诚实、透明、信守社会基本价值观。有趣的是，为此坎普拉德经常批判“弱肉强食”的资本主义，并自豪地宣称宜家是一家私营企业，因而能够执行长久的政策，不像那些受制于季度报表的上市公司。下面，我先谈谈宜家在哪些方面达到了优秀企业的标准。

再好的理念都可能走向反面

谈及企业文化,英瓦尔的主张就是,“不伤害小部分人的企业文化根本就不是企业文化”。英瓦尔理应知道,他和同事几十年来在宜家创立的企业文化现在既被人们津津乐道,又备受异议。这是怎么回事呢?

一个公司要创立一个统一的标准,处理好员工之间的关系,有很多种不同的做法。英瓦尔的做法就是,精心挑出好的范例和坏的典型。这样,经济学家及其他学院型人才逐渐被排挤出去,漫长的宜家培训机制被引入。现在的宜家不招募新员工就难以为继,各个层次的岗位上每年都要招上好几千人。可是很有意思的是,坎普拉德的三个儿子不仅上了中学,而且还上了大学,接受精英教育。

因为奉行简单就是美德,这里所有形式的 IT 都完全过时了,结果是 IT 就如一个黑洞,消耗的钱远超其他任何部门。宜家用于软件开发的巨额支出吞噬掉了数十亿瑞典克朗,但并没有产生丝毫价值,专家们成天坐在位于赫尔辛堡的 IT 大楼里,点击那些毫无意义的字符消磨时光。谁都不知道该如何解决这个问题。一位消息灵通的外部高级顾问估计,如果聘用“货真价实”的 IT 管理层,换掉忠诚却无用的闲人,采取简单的解决办法,宜家一年就可以节约开支5亿瑞典克朗(约合 4.6 亿元人民币)。

最近宜家深刻领会了这一精神,打算开发自己的订货系统。原有的订货系统是由上千个老掉牙的程序拼接起来的,熟悉这些程序的程序员都快濒临灭绝了，而其他的订货系统，比如领头羊 SAP[①]系统，并不适合宜家的需求。宜家用了 SAP 公司的 P3 软件达十年之久，完成的订货量还不及最初协议规定的订货量的十分之一，开支却已经超过预算数十亿瑞典克朗（约合 9.6 亿元人民币）。如此不可思议，让人摇头叹气。但事实上每一个 P3 软件预算和商业计划的实施，都未经坎普拉德和英格卡控股有限公司的审查。

我想强调两点。第一，在宜家，简单当然是美德，可是那必须要对英瓦尔的胃口。只要是他认为不重要的部门，他一定会给予很低的预算，不管会给公司造成怎样的后果。第二，所谓的企业文化，比如这里说的简单，给公司造成的影响确实非常大。

另外一个方面就是宜家独特的员工着装文化。宜家的员工都不打领带，这在早期的确使宜家别具一格，那是 20 世纪 80 年代；可如今员工不打领带的公司比比皆是，有的公司还推行起了“休闲星期五”，即每逢星期五员工可以穿休闲服饰。

有意思的是，即使在宜家这样的企业，为了追求平等而不要求员工打领带，等级差异依然存在。例如，宜家的许多职业女性常常戏称一些高层管理人员和年轻的土耳其职员为“Dockers 男孩”，因为他们常常穿美国 Dockers 牌子的休闲裤，搭配 Gant 或 Boomerang 品牌的衬衫，脚上穿的是擦得雪亮的平底鞋或马靴，上半身套着开米司羊绒或小羊绒套头衫。“Dockers 男孩”这个说法富有深意，因为这群人就像透明却坚不可摧的玻璃天花板一样，监视着每一个员工，免得他们违反公司规定。长期以来，这个男人俱乐部有意无意

① SAP 即 Systems Applications and Products in Data Processing，是 SAP 公司开发的企业管理解决方案软件，是目前世界排名第一的 ERP 软件。SAP 公司成立于 1972 年，总部位于德国沃尔多夫市，是全球最大的企业管理和协同化商务解决方案供应商，其软件应用于全球 120 多个国家的 172000 家用户。

地保持着较低的女员工比例,而且这些少量的女员工也不能担任重要职位,更不可能进入高层。如今,宜家的作风与以前已经大不相同了,但是位居高层的男人们却没有什么变化,他们对于女性员工的看法也几乎没有改变。

为买廉价机票,不惜在机场等几个小时

宜家多年来一贯重视出差问题,员工出差都坐经济舱,票价越便宜越好。往往是买两张都包含星期六的往返票,方向相反。虽然每张票都有一程用不着,但这样的票价比单买一张不能用于星期六的票便宜得多。如果出差时要住宿,必须选择宜家在全球的签约酒店,这些大都是经济型酒店,没有豪华酒店。20 世纪 80 年代,宜家开始这样做时,就特别引人注目,比其他公司的要求严格很多。在那个时代,员工们最大的期望不过是在几周的旅行中,在东欧那些破旧的宾馆里不用换床,能舒展地睡上一觉。如今的宜家员工在国内出差时的境遇已经不比瑞典其他公司员工差了,只有长途旅行还得要忍受经济舱。国内旅行时,他们可以随心所欲地选择坐飞机,再也不用坐火车。总之,现在的宜家对于出差已没有之前那么多的限制了。

彼得·坎普拉德(Peter Kamprad)是英瓦尔的大儿子,也是宜家王国的指定继承人。他比任何人都努力地为员工树立榜样。毫不夸张地说,谁要是浪费了公司的钱,都会让他大发雷霆。比如为树立企业文化形象,彼得非常认真地向员工们强调节约的精神,甚至有点钻牛角尖。哪怕是乘坐跨大洲的航班出差,只要能买到便宜的机票,他愿意在机场等上数个小时,经常还晚几个小时或者一天到达目的地。30 年前,这种做法颇引人瞩目,可是对于在 20 世纪七

八十年代长大的人而言,他们更愿意花时间陪同家人,而不是在机场等待。

更有甚者,彼得还拿宜家的做法讥讽别的企业。不久前,他和一位同事应邀与一家美国顾问公司驻布鲁塞尔的高层共进晚餐。该公司是另一行业里全球最负盛名的顾问公司。那天双方会面的主题是讨论环保策略与风险资本,旨在促进双方了解,商谈如何为宜家在环保和风险投资方面提供帮助。可是到了晚上,双方还在环保策略和家具制造之间各执一词,难以达成一致意见。

从一开始,年轻的坎普拉德先生说起话来就尖酸刻薄,因为他父亲在最近一次宜家董事会上说,顾问公司没有一个好的。在那个会上,大家对顾问公司开始了彻头彻尾的讨伐。所有的 IT 顾问都被赶走了,因为没有谁知道该如何来处理那个巨大的吞钱的黑洞,大家把矛头一齐指向顾问公司,但实际上这些顾问公司的项目每年为宜家带来了数十亿瑞典克朗的利润。

坐在车上的时候,彼得就开始数落这位高级顾问的不是。到了晚宴上,他还在继续挖苦他。最后,这位顾问平静地问:

“请问我们究竟哪一点把您冒犯成这样了?”

“你看看你们,居然住的是布鲁塞尔最好的酒店!”

这位顾问于是就问,宜家的员工一般住什么样的酒店,价格多少。彼得带着挖苦的口吻说:

“我彼得与你们最大的不同就是,你住的酒店一个人要 130 欧元,而我们住的酒店两人一共才 150 欧元,我们住的也是布鲁塞尔最好的酒店之一。我们打了很多折,你却付了原价,你看谁省了钱?”

一度禁止员工使用手机和本本

但是涉及笔记本电脑或手机等日常科技产品,宜家一直没有找到合适的管理方式。虽然这个问题貌似微不足道,但是对于一个想要在日常事务中树立企业文化的公司而言,它不容小视。这些科技设备也理应符合优秀企业文化的全部标准。如今,随着价格下降,人人都能拥有一台笔记本电脑和一部手机;但作为重要的日常工具,它们又可以通过适当的使用方法而成为员工等级高下的标志。可是宜家却选择了一条怪异的中间道路,虽然在不同国家的分部采用了不同的办法。一开始,宜家高层认为笔记本电脑和手机都是雅皮士的玩物,严厉禁止员工使用。后来,由于手机和笔记本电脑对宜家很有帮助,这一禁令有了一点松动:先是经理可以用,随后又无可奈何地放松了对经理以下员工的要求。在宜家这样的公司,如果各级经理都用上了手机,其影响是很大的。因为在宜家,经理本不应享有特权,借助榜样之力进行管理是英瓦尔一贯坚持的最高管理理念。今天的情况已变得大不同了,但在十年前,经理们是没有机会用这些最新潮的技术设备的。

要理解宜家价值观的最初形态,恐怕得追溯到 20 世纪 70 年代,当时宜家首次跌跌撞撞地踏上欧洲大陆。那时候的核心价值观还只是公司早期员工们普遍认可的一套观念和规范。比如,员工们认为:“我们是来自于斯莫兰省的一群勤俭节约的人(当时宜家的管理层主要是斯莫兰省人),我们的管理靠的是榜样的力量(经理们总是像苦行僧一样努力地树立榜样)。”

宜家的企业文化始于二三十年前,从上世纪 80 年代到现在,企业文化的内容、标志和符号都没有发生任何变化。在英瓦尔授权托尔卡所写的《宜家的故事》一书里,托尔卡称坎普拉德是宜家的“主教”。他当然也是创立宜家企业文化的主教,虽然也有其他人参与。有一点倒是可以肯定,他敏锐地捕捉到了公司的潮流和主题,再加上不断地强调或赞扬某些行为,隐晦地表达出对某些行为的不满,就这样构建起了他的领导理念。宜家的企业文化就是通过这种方式一点点地建立起来的。

这里讲一个有意思的题外话,就是大家对英瓦尔的称呼。在本书中,我每次称他为“坎普拉德”而不是“英瓦尔”时,心里总有一丝不自在。在宜家二十年所形成的本能在我心里说:“真是罪过啊,这样称呼他真有点让人难堪!”

这是因为,在宜家,当着他本人的面,大家都叫他“英瓦尔”,对别人提起时也不会用“坎普拉德”,没有人敢那样称呼他。如果他不在场,实在不行就简称 IK,或“我们的创始人”。在阿姆霍特的全部宜家员工和其他地方的大多数宜家员工,不管什么级别,都直呼他为“英瓦尔”。虽然在宜家如同在瑞典军队中一样,一般都称呼姓,但涉及坎普拉德时却不然——你只能叫他英瓦尔。

除了英瓦尔,另一个可称为“文化主教”的人就是迈克尔·奥尔森。他是前任瑞典区总经理,现任南欧区总经理,2009 年 1 月升任宜家首席执行官。宜家的大部分经理都只是在行动和树立榜样方面贯彻宜家文化,在语言中并没有做到。但是奥尔森在言行和榜样方面都做到了,而且现在依然如此。他经常引用《一个家具商的誓约》里的九点主张,比如简约或追求独创的重要性等。他比英瓦尔更善于将夸夸其谈的政策说得具体而实在。我们这些员工听了他的分析总是很振奋。通过一些具体的问题,比如怎样规划购买低价产品等,我们领会了公司的商业理念,顿时觉得宜家的企业文化既有活力,又鼓舞人心。“简单、节俭、追求独创”这些理念就成了源源不断的智慧源泉。

在宜家,员工的职业生涯由自己规划

宜家的人才理念准确地描述了作为宜家员工的行为规范,当然这也是宜家企业文化极其重要的一部分。宜家的人才理念,简言之就是,员工要对自己的职业发展负责,这应该通过脚踏实地的工作来实现,而不是花很多钱参加培训或进修。这就是说,员工要了解自己的需求,按照需求来规划自己的任务。每年,员工们都要提前准备好自己的年度计划,列出要做的事情,然后再与主管讨论。

根据我的亲身体会,这种做法非常奏效。宜家的员工从一开始就形成了两点认识。其一,遵循"一切以承担责任为荣"的理念,员工都愿意承担更多或更大的责任,多数员工都愿意多做事、多做决定,这样老板和员工都从中受益。其二,遵循"追求独创"的理念,员工们都觉得宜家是独一无二的,自己也会选择一条与众不同的发展道路。

在这样的背景之下,英瓦尔将其精明策略应用得十分娴熟。由于他倡导公司上下努力在每一个方面都追求创新和独特性,每一位员工也都变得各有特点。只有为公司创造动力,使其超越其他公司,才能在着装、习惯、态度、工作方法等方面创造出特色,使员工获得自豪感。实际上,大家都以在宜家工作而自豪。或许并非每一个宜家员工都有自豪感,但可以肯定的是,那些有责任感的员工是自豪的,不管是多大的责任感,而这就够了。我私底下或在工作中与其他公司的员工接触时,宜家的吸引力都让我与有荣焉。我作为宜家的一员,也常常陶醉在宜家成功的光环中。

补充说一点,来自其他公司员工的公开表扬会导致自我满足。总是觉得作为宜家员工而自我感觉良好,不是好事。那会让你误以为自己能够把每件事都做得比任何人都好,而且以为你已经做到了。在宜家,上至英瓦尔和他的孩子们,以及安德斯·代尔维格,下至大部分员工,都有一种极度的优越感。这一点我深有体会,因为我原来也是如此。

这种责任感和自豪感有很不好的一面。宜家给员工的工资总要低一点,认为员工应基于责任感而工作,这是宜家运行的机制。奇怪的是,大多数员工都愿意接受这份微薄的薪水,只因为这份工作让人有劲,受外界的羡慕,有一种满足感。宜家再三强调,员工的工资符合行业水准,可奇怪的是,但凡从宜家跳槽的人,无一例外都从别的公司拿到了更高的薪水。

这里举几个例子。我担任英瓦尔和安德斯·莫伯格的助理时,要负责集团公司的公关和交流、环保事务、出差事务,担任不同项目顾问和负责人的助理,还要做英瓦尔和莫伯格的联络人。那时候,好几个国家的记者追着宜家挖掘情报,因为宜家并没有开展什么真正意义上的环保项目,也没有承担一个企业应该承担的社会责任。同时,我还要完成其他工作,可是我当时的月薪按照现在的物价换算过来只有 35000 瑞典克朗(约合 32000 元人民币)。用这点薪水,我要独立供养一个家。为了这点薪水,我经常加班,全年无休,二十四小时待命,随时准备处理紧急情况。

当彼得·坎普拉德决定聘我担任宜家风险投资公司——宜家绿能科技公司——总经理时,给我的薪酬比行业平均工资低 50% 到 60%,而且只给我配几个员工。更可笑的是,他要求这家公司短期内筹措到 5 亿瑞典克朗(约合 4.6 亿元人民币)风险投资,成为风险行业的龙头。

小心！密探正盯着你！

英瓦尔·坎普拉德这么多年来一直在构筑自己的情报网。从20世纪70年代开始，为了避税，他离开了瑞典，所以密探就成了他掌握瑞典和宜家总部动态的重要渠道。就我的了解和亲身经历，英瓦尔有不下二十个密探为他服务。这些密探都希望能在这位宜家老总身边工作，亲身感受他的信心和号召力，个个乖乖地像小公鸡一样围在他身边，为他收集绝密情报。宜家要求所有的管理人员和普通员工都要团结，只要想在宜家干，就得在多数事情上做出妥协，哪怕违背良知。

英瓦尔精心编制的情报网分布于宜家在全球的大部分角落，有的在明处，有的在暗处。这张情报网不仅针对那些不够忠诚的人，还针对多年来与他有紧密接触的核心人员。据我所知，被监控的对象有很多是阿姆霍特总部的员工，最主要的是宜家人才库里的重要成员。

构筑这张情报网的用心是很显然的，其目的类似于政府间谍部门，如瑞典的军事情报中心或美国的中央情报局(CIA)的特工。这样一个运作良好的情报网能很快发现一些不当行为，并让问题一出现就得到妥善处理，避免给公司造成巨大损失。

就连安德斯·莫伯格做首席执行官时，也采用了这一套做法，而安德斯·代尔维格则选择了完全不同且更为正常的做法，原因可能是他从未接触过那些价值链上端所需要的情报，他的整个职业生涯都在零售部门。在价值链上游，这些情报活动能带来很大回报。宜家的店铺和零售业务固然是透明的，但是作为纯粹的销售部门，它们在宜家发展中承担的责任非常有限。

这种情报监控在员工的职业生涯早期就建立了，他们一旦接近核心问题便会受到更加密切的监控。我想,现任首席执行官之所以不愿意采用这种手段,主要原因是他坚持反对收集负面情报的立场。就我对迈克尔·奥尔森的了解,他从来都不喜欢听流言飞语。

2008年秋,我才切身体会到这个情报网有多么精密。当时,彼得·坎普拉德已经聘我任宜家绿能科技公司的总经理,这是宜家的子公司,任务是通过依靠环保项目建立的网络寻找值得开发的产品。位于阿姆霍特的宜家服务公司的财务总监也为绿能科技公司注了资。我好几次从董事会主席戈兰·林达尔(Göran Lindahl)那里听到一些批评,说我未能管理好出差事务部的几个小部门。这些批评无凭无据,我听了当然很气愤。于是我联系上了那位财务总监,问他到底要搞什么鬼。在宜家管理层有一条不成文的规矩,有谁惹恼了你,就直接去找他,不用向上级汇报,一直以来都是这样。两周后,我受到了来自英瓦尔和董事会的严重警告。虽然他们用委婉的语言和奇怪的表达包装了这份警告,但是我深知,问题的根本在于,我招惹了宜家指定继承人彼得·坎普拉德的密探,也就是那位宜家服务公司的财务总监安德斯·朗德(Anders Lundh)。我从这件事吸取了深刻教训,决不要招惹坎普拉德的密探。也就是从那时开始,我决定要离开宜家。

工作语言的故事

至少从二十年前开始,宜家决定使用英语作为工作语言。之前很长一段时间这里主要使用瑞典语。许多瑞士人、德国人和法国人为了在宜家谋职,不得不学习瑞典语。

十年前,也就是1999年,宜家懂英语的员工很少,我记得一位非常可怜的印度员工,受过很好的教育,很能干,经验丰富,按计划即将在第一区沙发部履职。第一区是个重要的地方,涉及全球沙发产品的战略决策都在此制定,该区每年的营业额高达200多亿瑞典克朗(约合194亿元人民币)。可是,这里的员工几乎都来自阿姆霍特,平时都不说英语,除非供应商到来,或者在产品展示周期间。这位印度员工虽然自小就讲英语,但要在这群来自斯莫兰省的男人中间生存,还是不得不学瑞典语(当时的斯莫兰省员工都是男性)。

重要的是,语言不通会让员工产生孤立感。我很能体会这位印度员工的感受,因为我也有同样的遭遇。我在宜家瓦劳分店工作时,那里没有任何人顾及到我不会说德语。

一次,门店店长乔基姆·斯蒂克尔(Joachim Stickel)大声地用德语说:"我们这里只说德语。"

他叫店里的每个人都不要理我,因为我不会说德语,我也不知道是什么原因。员工们对他这样的说法也感到好笑,毕竟德国人还是把幸灾乐祸当做幽默来看。

你对所在圈子的语言掌握越少,你和大家的距离就越远。他们跟上级谈,跟你周围的人聊,但就是不跟你说话。本来自信满满地来到公司,想要凭自己的才华大干一场,结果逐渐遭遇躲闪的眼神和回避的背影,你的傲气就没了。更糟的是,当着办公室的员工或上百个顾客冷不丁地给你一顿指责,而你却无法回应,只能痉挛一般努努嘴。还好周围的人并没在意他这一套。这是宜家企业文化有趣的一面,也是你要成功走入宜家不得不付出的代价。

根据经验判断,宜家高管的英语讲得最差。当然,英瓦尔除外,只不过也没有几个人听过他说英语。本特·拉尔森喜欢讲英语,讲的时候声音也很大,带着强调的口吻,但是他的英语简直就是斯科讷英语,或者说是带着斯科讷口音的英语,很少有人能听懂。安德斯·莫伯格的英语演讲是出了名地拙劣，他喜欢即兴发挥，用词常常令人费解，夹杂一些斯莫兰方言词汇，以掩盖英语词汇的不足。他的一些表达，比如“How in so hell”（这事真见鬼）、“Pick so low hanging froots”（摘低垂的水果）等，成了员工们的口头禅。

在位于阿姆霍特的宜家总部，大家都用斯莫兰方言，这种语言非常独特，比标准瑞典语模糊而含蓄。

每当有人问那些长期在阿姆霍特上班的员工，他们的回答几乎总是“的确”、“好的”、“没错”等。如果你想要更确切的回答，他们就会说“也许有点”、“可能”、“保不准”，以及其他一些含糊而稳妥的表达。

斯莫兰方言声调低，含义模糊，只有当事人才能听懂。几十年来，这种语言已经成了“宜家瑞典语”。宜家经理们，起码是他们中的大多数都讲这种让人不明就里的方言。最高层管理人员倒不怎么讲这种方言。我在德国工作三年后就去了瑞典销售部。经过一段时间的德语学习，我渐渐喜欢上了德语的直截了当。可是一回到祖国瑞典，我又很难听懂瑞典同事们说的话，不习惯他们空洞的表达。

我想，使用这种改造了的宜家瑞典语，与宜家的企业文化有关系，它体现了英瓦尔的决策方式。对于一个建议，英瓦尔很少直接说好还是不好，他更喜欢看看周围其他人是赞成还是反对，一般先让他们思考一下，要他们多讨论一下，然后才做出决定。可以说，这种犹豫不决、摇摆不定的语言表达和立场有助于员工们适应公司大大小小的变迁。英瓦尔不喜欢藏不住话的人。员工们用宜家瑞典语可以表达支持、反对或是持中间立场，而且不让任何人知道你的真实想法。等到英瓦尔做出决策后，你就可以与他保持一致，不需要冒任何风险。

更有趣的是,这一招十分管用,我猜大概有这么几个原因。首先,人们在做出决策前需要冷静而有策略性地思考所有的问题。同时,要让更多的人参与每一个决策的制定,这样专家知识才会在其中发挥核心作用。最后,也是最重要的一点,这样做出的决策,是各方协商一致的结果,一般会最快速、最高效地得到执行,而决策的执行往往是所谓企业最为头痛的事情。

安德斯·代尔维格在1999年做了总裁后,逐渐放弃了斯莫兰方言,英语的地位逐渐凸显。代尔维格随后聘任的瑞典宜家经理约瑟芬·里德贝格–杜蒙对宜家企业文化的多元性作出了很大贡献,并使英语成为宜家的工作语言。作为一名女性,她在多年前就已经进入宜家的顶层。重要的是,她具有国际化的背景,丈夫是一名法国人,因此,她的日常生活本身就是多元化的。新一代管理层的语言背景对作为宜家瑞典语的斯莫兰方言构成了挑战。约瑟芬有自己喜欢的一些表达,周围的员工也都乐于接受,虽然大多数人并不一定明白其中的意思。比如,有一个说法——“列队候令”,很让人费解。她的意思是说,大家得闭嘴,听从上级命令。还有一个说法——“产品就是解决方案”,大家在好长一段时间里都不知道是什么意思。有一次在阿姆霍特举行了一个国际贸易展览会,这句话是展览会的主题。来自世界各地负责零售的高级别经理齐聚展览会,却没有一个人弄明白了这一表达的高深意蕴,大家后来就把这句话当做一个笑话带回去了,之后的几个月里都以此为乐。这其中的根本问题就是,如果管理层的表达太过于哲学化、空洞做作,就难免令人费解。在那次展销会之前的一年,宜家有一次召集宜家零售商开会,会议的主题是“迈向立方体”,近500名与会者离开会场时都面面相觑,除了里德贝格–杜蒙自己身边几个人之外,没有谁明白这个主题要传递什么信息。

执行力至关重要

英瓦尔经常教导员工:“执行力至关重要。”这是宜家文化最为重要的部分,也是宜家取得成功的关键秘诀。如前所述,宜家员工们不仅讨论问题、做出决策时能耐非凡,执行决策的能力也非同一般。包括我自己在内的许多宜家员工,能取得成绩就因为我们拥有将梦想变为现实的能力。上司也总是善于敏锐地捕捉到员工的天赋,给他们提出更大的挑战。要说宜家有什么促进员工发展的独门秘诀,那就在此。不在宜家工作的员工,恐怕认为执行能力并不那么重要。我的看法相反,而且还要更肯定地说,目前许多公司存在的通病恰恰就是决策往往停留于绘图板上,很少得到实现。在宜家,看一个员工“是谷子还是糠”,就看他的执行能力。员工们获得升迁的最好办法就是破除万难地执行计划,不管是开新店,找供应商还是开发产品。员工们也会因为没有执行好计划而很快断送自己光明的职业前景。英瓦尔和其他高管把那些不具备执行能力的人称做“话包子”,整天开空头支票,毫无行动。

宜家招聘员工时也要考察他的执行力。英瓦尔和新任高管一般都善于吸引和招募充满活力的人,那些善于做事又善于独立思考的人。他们会明确地表示,希望员工具有执行力,而且是立即执行的能力。在宜家,没有复杂的事后补救措施,也不会给员工提供任何任务清单或工作指南,他们注重寻找合适的人选,提出恰当的期望。虽然也有执行不力的时候,但是涉及重要产品的开发或开新的分店等问题的决策,绝对是百分之百得到有效执行。

看不见的决策者

刚进入宜家的新员工,不管多么有经验、有天赋,他们面临的最大困难就是不知道真正做决策的人是谁。宜家会以一年为周期,发布全年计划,员工们需要仔细聆听,努力思考,才能在决策讨论会上领会这些计划,想办法创造出有竞争力的优势。瑞典人说"自由与责任感同在",这意思大家都懂。但宜家是如何做决策的、决策背后的原因是什么,新员工进了公司很多年也搞不太清楚。整个宜家是由个人或孤立的小组构成的松散体系,大家都在迷迷糊糊中执行着各自的政策。没有人准确地知道哪些是体系内的人、哪些是体系外的人。没有任何线索可以告诉我们某个人属于哪个体系,只能根据具体情况判断,也就是说,决策层完全是随机安排的。

宜家的隐形决策层,最早源于阿姆霍特总部,经过慢慢发展,后来又在赫尔辛堡进一步演化。经年累月,这些特权决策层在宜家站稳脚跟,并笼络了一帮忠实的支持者。这些支持者即便从一个地方调到另一个地方,或者从一个部门调到另一个部门,对决策层的支持依然如故。比如,如果你想改变某个产品的原材料,瑞典宜家的决策层就开始嘀嘀咕咕了。他们不会直接告诉你,而是让别人跟你讲,并且到处想方设法动摇你执行计划的机会。甚至还会有同事来找你,转达英瓦尔的想法,这就等于隐晦地告诉你,你要当心。

自然而然,在这样一种组织松散的机构里,流言飞语在所难免。时不时就会有谣传说,公司将有重大改革,老总又有了新思路,某人将被解雇,或者某人将履新职。这些谣言要么口口相传,要么通过信息屏流传(信息屏是宜家20世纪80年代从沃尔沃手上买过来的一个二手邮件系统,现在仍在使用。有传言说宜家将购入微软的Outlook邮件系统)。说某人即将谋到一个高级新职,这种说法往往都是假的。不过说某人即将收到让他辞职的通知,多半都是真的。之所以会这样,我想主要原因是,宜家一般会让那些在某方面不令人满意的员工继续待一段时间,以改正错误,弥补做得不好的事情。在外界的旁观者看来,这种做法就像让临死的天鹅再多叫几声一样,真是够残忍。

几件耐人寻味的宜家逸事

每当有新员工进来,一些资深的老员工总会给他们讲一些故事。很多故事都是说英瓦尔·坎普拉德是个标准的吝啬鬼,说英瓦尔把宜家看做其最后的堡垒。也有故事说英瓦尔是一个清教徒似的工作狂。不管讲什么故事,这些人都把他当做一个十足的英雄来崇拜。

这些故事告诉我们,在宜家,每一个人都得过紧巴巴的日子,包括坎普拉德在内。也就是说,你的薪水不可能有多高,可是又有什么办法呢,连英瓦尔这样的富翁都过着简朴的生活。

20 世纪 90 年代初期,阿姆霍特宜家总部

有一次,英瓦尔从一次长途旅行回来,经过公司大厅回办公室。大家都知道他会来,只不过没有想到会这么早,当时才早上六点过一点,办公楼里已是人声鼎沸,许多想碰运气见到他的人都早早地赶来了。宜家员工都知道,要拜访英瓦尔,必须在他到办公室之前。

只见今天的公司大厅忽然不一样了,距前台几米开外有一个咖啡厅,这个咖啡厅要是布置在大城市里任何一个设计精巧的办公楼中,都会为其增色不少。咖啡厅里突然多了一张舒适的沙发,还有一张桌子,摆在漆得黑亮的榉木边几旁边。这是一个小咖啡角,柔

和的灯光令人感到惬意。

看到这些,英瓦尔突然大发雷霆。他径直走过前台,转身朝左边走去,满脸怒火,门也没敲,就冲进总经理办公室。一看见总经理简·柯杰尔曼(Jan Kjellman),便一把抓住他的脖子,把他拎到大厅的咖啡厅,当着所有同事和访客的面,把他狠狠地臭骂了一通。

这究竟是怎么回事呢?原来,简犯了一个错,他用宜家的新式家具,把原来那个沉闷而破旧的咖啡区进行了一番改造。可是英瓦尔觉得,柯杰尔曼把宜家总部的这个神圣的大厅变成了一个奢侈浪费之地,再也不能为全球的宜家公司树立好榜样了。

我可以肯定,这件事真有其事,因为讲这个故事的人,在现场目击了整个事情的经过,而且他也是个诚实的人。我只是不太确定,简的总经理办公室是否在一楼的左边。

20世纪90年代早期,法兰克福机场

一位老人正在与其他上百个乘客一起登机。他随着人流穿过前舱门,进入了商务舱。这位老人便是英瓦尔。突然,他看到了一张熟悉的面孔,那是宜家的一位高层经理,正悠闲得意地坐在布帘前面舒适的座椅上,那是商务舱前面的头等舱。老人不动声色,只是友善地与他打了声招呼,继续朝后面的经济舱走去。殊不知,这位经理在头等舱这么舒服地一坐,便断送了他美好的职业前程。

宜家巩固企业文化的一个绝妙方法就是讲故事。最常听到的故事就是有关英瓦尔光辉事迹的奇闻异事,说他是一个既吝啬又好心的老人。

1988年,宜家耶夫勒分店

早上六点，英瓦尔和他的助手一起来到耶夫勒(Gävle)分店仓库的装货台，研究仓库工人们提出的一些问题。装进箱子的货物必须要压紧，以免包装箱内有多余的空气(包装箱一直堆到了天花板位置)。当时，工人们都在说从亚洲进口的藤条包装箱很糟糕。

几个小时后，店长终于满脸愧疚地来了，头发睡得蓬乱不堪。

“还不错啊，你还知道要来，凯尔(Calle)？”英瓦尔说得还是有所保留。然后他开始巡视店铺。辛苦了一天，大家来到ACCENTEN部，该部门的货品主要有玻璃、瓷器、厨具等。英瓦尔看着看着，停下了脚步，指责货物的陈列方式有问题。该部门主管克斯廷(Kerstine)也在场。一开始，她还默默地听着，后来实在忍不住了，就突然打断了英瓦尔的长篇大论，与他针锋相对，以自己的日常经验予以反驳，搞得在场的每一个人局促不安。这下子，英瓦尔反而来了精神，和克斯廷较了好一阵劲。后来，英瓦尔对克斯廷赞不绝口，因为他从克斯廷口中了解到了很多货物陈列方面的知识。

我第一次听到这个故事是在1992年，是我的同事凯尔·佩特森(Calle Pettersson)告诉我的，这位凯尔已经去世好些年了，他当时就是这个故事的发生地——耶夫勒分店——的店长。

20世纪80年代末，一家小旅馆的地下室

这是一次会议，大家都已筋疲力尽了，却还在继续讨论。唯一不知疲惫、全神贯注的人就是英瓦尔。对他而言，似乎每一个问题都很重要，都值得与这几位店长讨论。那天晚上，大家在小旅馆里只是就着一点腊香肠喝了点啤酒。已经过了午夜，可是连一份便餐也迟迟不来。英瓦尔似乎根本没有时间概念，也不顾身体的正常需求。他坐在一群店长中间，围绕他的看法、忧虑和建议侃侃而谈。

直到凌晨一点半，英瓦尔的助手才总算宣布会议结束。大家正要转身离开，耶夫勒店长凯尔对那位助手说："总算可以回去上床睡觉了！"

"是啊，你倒好，我和英瓦尔只能休息四个小时，然后又得开始工作。"那位助手回答。

了不起的拉尔森

2001年以前，在本特·拉尔森为宜家效力期间，流传着许多有关他的故事，这些故事后来又传到欧洲(除俄罗斯之外)的许多门店里。拉尔森在员工中的确有很大影响，他的一些故事也体现了宜家文化，突出了宜家文化的不同侧面，显示出拉尔森的成就。在这一点上，坎普拉德无法与之相比，因为有关英瓦尔的故事一般都讲他如何吝啬小气。显然，拉尔森身上的光环让英瓦尔很不安，他也期望自己受到同样的关注。

20世纪80年代末，阿姆霍特一家小旅馆

这是发生在一次聚会上的故事。青年营的一间会议室里，装饰着蓝黄色瑞典国旗，大家吃着、玩着，有人在表演短剧，有人发表讲话，还有人敲鼓奏乐。

这家小旅馆的大厅里挤满了人，有人坐在椅子上，有人坐在地上，也有人就站着。大家都安安静静、规规矩矩的，像小学生一样昂首挺胸，整个场面弥漫着神圣而令人敬畏的气氛。最前面的椅子上，坐着本特·拉尔森，手里拿着一本摊开的小说。他双手比划着，动作幅度很大，拉着长长的音调，用婉转悠长的斯科讷方言朗诵着卡琳·博耶(Karin Boye)的小说《卡拉凯恩》(*Kallocain*)里的段落。

整个零售管理部门和高级管理层的员工都被强制要求参加这次活动。拉尔森是瑞典宜家总经理,他的决定是必须执行的。很多人都为拉尔森的这种自我欣赏感到难为情,可他自己却浑然不知,他是那种缺乏自我批判的人,出奇地爱自我炫耀,有时甚至有点让人受不了。

实际上,我在宜家还没碰到过像他这样专制的总经理,爱发怒,动不动就大发雷霆。拉尔森有两次把我叫去面对面地谈话,都是为一些琐碎的小事。有一次,我刚从瑞典转到英国工作,对他给我家安排的临时住所表达了一点意见,但他丝毫不接受。我跟他谈完出来,都气得浑身战栗、欲哭无泪,而他还威胁我,让我喘不过气来。这家伙要别人完全听从他。宜家利兹分店开业后,我当时是该店店长,亲眼见过拉尔森给代尔维格脸色看,那时代尔维格是英国宜家总经理。有一次拉尔森去店里巡查了大半天,一直喋喋不休,代尔维格只好默不作声、洗耳恭听。要知道这家分店是当时全欧洲最佳门店,拉尔森本人也这么认为。

德国宜家一位高级经理曾对我讲起,新千年后,有家德国分店开张,那时拉尔森是欧洲区总经理,欧洲区所有分店的开张仪式他都要出席。开张那天,所有德国区的管理层人员和拉尔森都站在大门外,等着顾客涌入店里。门前的顾客已经排了很长时间的队了,有的甚至还在店门口露宿了一宿。

曾经说我德语很差的那位德国区总经理乔吉姆·斯蒂克尔(Joachim Stickel)跟这家德国分店的店长熟练地应付着一切。可是,拉尔森却觉得顾客进店速度太慢,后面的顾客等得太久,于是无名怒火顿时发作起来。他一把将身材瘦小、留着浓密花白八字胡的斯蒂克尔拽到一边,操着一口瑞典式英语怪腔怪调地对他大声指责。斯蒂克尔半天说不出一句话来,满脸惊恐,看着眼前这位穿着讲究、西装笔挺的大个子男人,心想一定是有什么事情把他给惹恼了。后来,拉尔森干脆动起手来了,双手抓起斯蒂克尔,把他推靠在墙上,双脚悬空。拉尔森当着这么多同事和顾客的面,无所顾忌、疯了似的咆哮。这,也是宜家的企业文化,只不过是一种非同寻常的文化。

我为什么在本书里要用这么多篇幅来讲拉尔森呢?因为,拉尔森是除了英瓦尔以外,为宜家确立基调,创立宜家尤其是宜家企业文化的最为重要的人。要是没有他,今天的宜家一定没有这么成功。在宜家,还没有哪位零售经理有拉尔森这么能干,如今也没有人超过他。从拉尔森离职到现在,宜家的门店理念都没有发生实质性的变化。

在宜家期间,拉尔森最为成功的一点就是让宜家变得与众不同。前面我讲了,宜家的展厅在20世纪90年代中期以前完全就像是罗马时代的地下墓穴。顾客走进去就会失去方向,好像进了迷宫,觉得很不舒服。很多人一直坚持要保留这些黑暗的迷宫,理由是任何一个不受建筑风格影响的顾客,只有看到了所有产品,才会买得更多。我到今天都还不太情愿承认,我本人当时也持这种观点。

拉尔森思想独特,他突破大众的常规思维,让宜家总部一位高层的儿子托尔(Tore,化名)重新设计家具展厅和销售区,这个人很有设计天赋。拉尔森的要求是,让顾客可以自己选择,要么穿过整个家具展厅,要么根据标志找到捷径,这种想法以前宜家从未有过。在此以前,宜家对于顾客通道的设计思路一直都是,要设计一条顾

客看起来最短,而实际上却不短的路线。按这样就设计出来一条隧道一样的通道。拉尔森向托尔这样解释他的新设计思路:

“不管顾客身在何处,他都应该能在一定距离之外看到自己会在下一个区域看到的东西,因此捷径的数量还应该增加,并且有明确标志。”在过去,顾客只能自己确定方位并找到捷径,这些捷径没有标志,而且隐藏在墙或者其他障碍物的后面。

后来,家具展厅和销售区变得明亮通透了,来的人也更多了。这种新布局称为“欧洲布局”,融入了莫伯格提出的要求,此后十年成为宜家门店的设计标准。

显然,来到一个明亮而愉悦的家具展厅的顾客,感觉很舒服,就会更有购买欲望,这比像地下墓穴一样令人沮丧且缺少方向感的展厅好多了。虽然没有精确的统计数字说明这一新的布局对销售额的影响,但是就我所知,几个百分点的增长是有的。试想,要是拉尔森当年没有勇气拆除墓穴一般的展厅,如今 250 家店铺每年怎么会有近 5 亿的顾客来访。或许这个办法在外人看来有那么点老套,但是在这样的背景下,最简单的解决办法也是最难想到的。在英瓦尔统治下的宜家,哪怕是动一动“改变店铺布局”这个念头也是需要决心和勇气的,这种决心和勇气不是一般人能有的。况且,要跟设计师解释清楚这一设计方案可能会给顾客产生的影响,需要在零售业方面具有卓越的知识,并且最终还要具有相当的才干,才能将这一计划付诸实施。而这一切,拉尔森都具备。以前坎普拉德总是控制着每个人的思想,但是拉尔森打破了店铺规则,只能说明坎普拉德更擅长于做一个顾客和产品专家,而不是门店经理。

拉尔森向代尔维格大发脾气的当天早上,利用到访利兹分店的机会,他和我巡视了整个店铺。这一趟巡视有近一个小时,整个过程中他都一言不发,显得出奇地安静。一趟走完,他总结了巡视的印象:店铺总体上很不错,他打算让欧洲其他店铺的同事来参观,从这里获取一些灵感;不过有三个方面不达标,其中一个是光线不够明亮。过了几个月,日常销售初具规模,我想起了拉尔森当时的评价,他的说法在各个方面得到了应验,你可想而知,当我发现这一点时有多么惊讶。这件事充分说明本特·拉尔森对于零售业务非常在行。

等我们刚刚按照拉尔森和托尔提出的欧洲门店布局装修了我们的店铺,拉尔森又提出了一项新的方案。店铺的提货处(此处由工作人员将货物搬给顾客)和自提区(此处由顾客自己取货物)增加了成本。拉尔森的想法是,重新启用三十年前昆根斯库瓦分店的方案,让顾客自己去提货处直接取货。新开的店铺里,拆除隔开提货处和自提区的砖墙,换上了可移动的矮墙。大多数原来由工作人员拿给顾客的货物都搬到自提区,由顾客自提。是要选一个 BILLY 衣柜,还是一个 PAX 衣柜,全由顾客自己做主。

这样一来,顾客们就得自己用几个手推车来装上百个平板包装的厨房用具,或者自己去拖重达 80 千克的衣柜,可是,这一改变立即取得了极大的成功。顾客很满意,宜家也降低了成本。但是为了做到这一点,拉尔森首先必须想办法排除阻力,即扎根宜家三十年的固定思维。反对的人主要是担心顾客可能接受不了。有人说,顾客可能会拒绝搬运笨重的货物,或者拒绝把那些笨重的平板包装箱装入手推车里;有人说,万一大衣柜倒下来,可能会砸到并伤及顾客;有人说,顾客可能会选错货物,因此怨声载道。但拉尔森毫不理会,因为,该计划获得了英瓦尔的同意。一经实施,立即取得成功。我依稀记得,这项计划好像是在 1996 年赫尔辛堡分店里的一次会议上获得通过的。

不出意料的是,本特·拉尔森因他强硬的性格和不善于自我批评,在宜家摔了跟头,而且几乎是同时摔了两个跟头。在任职期间,拉尔森自信地以为,既然做了欧洲区的总经理,自然也就是赫尔辛堡地区的名人了。这本身倒没有什么问题,毕竟宜家在当时和现在都是赫尔辛堡地区最大的私营企业。他以为,他与当地政府的大人物已经平起平坐了,并且与他们建立了很好的关系,可以为公司带来好处。当然,他自己实际上也从中得到了好处。当时该地举行了一个 H99 建筑工业博览会,是 H55 建筑博览会的延续,H55 博览会在 1955 年取得了开创性成功。拉尔森认为,宜家理应做赞助商。英瓦尔一开始反对提供赞助,不过后来还是让步了。莫伯格也不看好这次赞助,而拉尔森却意志坚决。像以往一样,拉尔森最终占了上风。为了进入当地政府的宣传册,宜家投入了一大笔钱,希望借此保护宜家在该地区的未来利益。随后,这位本特·拉尔森先生在赫尔辛堡海边以很便宜的价格获得了一块地。这是真事,是拉尔森身边最亲近的人告诉我的,他们显然对他这样做感到失望。当时负责该博览会和这宗土地交易的一位社会民主党市政议员也跟我讲过这件事。事情披露后,该议员很生气。他说,实际上拉尔森当时宣称,会用这块地修一个宜家管理人员来访时入住的宾馆。

显然,媒体报道破坏了拉尔森的形象。就我所知,没有其他事件比这更严重地损害了宜家文化。拉尔森也是就我所知唯一做出这等事的宜家高管。我曾亲耳听到他抱怨宜家的高管被英瓦尔排除在宜家财富增长之外,就这一点而言,我比较赞同他的观点,虽然这个观点并不应该成为他私买土地的借口。拉尔森这些年来用他的才华创造的财富不下几十亿,这些都直接进了英瓦尔的私人腰包,而拉尔森所得到的不过是高高在上的头衔和一份普普通通的薪水。或许他认为,海边的那块地只不过是他应得的回报。

就在拉尔森在海边搞了一块地的同时,首席执行官安德斯·莫伯格离开了宜家,去了宜家的美国对手家得宝公司。莫伯格做了12年的首席执行官,当他提出要终止合同时,英瓦尔断然拒绝。几个月后,我碰到了英瓦尔,他告诉我说"莫伯格这个人就是太贪财"。可是我却暗自思量,到底谁更贪财?是农民的儿子莫伯格,还是地主的儿子坎普拉德?

奇怪的是,尽管拉尔森公然地违反了公司的规定,英瓦尔却仍然让他继续待在原来的岗位上。根据宜家的理念和原则,这样以权谋私难道不是最严重的犯罪行为吗?可是英瓦尔掩盖了真相。当时我还在做他的助理,有员工从报纸上剪来相关新闻报道寄给他,也有人写信给他,但是他只字未提。以前一旦有人做了让他生气的事情,总会受到处理,可是这一次他却没有处理拉尔森。我想他可能是想再给拉尔森一个机会,因为拉尔森明白,背叛公司应该付出的代价是什么。或者他认为,选择宽恕而不是杀戮,就能更好地控制桀骜不驯的拉尔森。

不过拉尔森的平静生活并没有持续多久。很快,按照英瓦尔的要求,拉尔森接到通知,让他安排英瓦尔的小儿子马赛厄斯·坎普拉德(Mathias Kamprad)做宜家在某个国家的总经理。拉尔森断然拒绝了这一要求,理由是,任何人都不能因为他姓什么而享有特权,英瓦尔的这位儿子并不具备担任这一职务的能力。我所认识的每一位我尊敬的宜家员工,只要了解这一情况,都会认为本特说得对,但是却没有人敢说出来。几个月后,本特·拉尔森收到了强制辞退信,立即并且永久地结束了在宜家的工作。

高管们的怒与疯

在一片烟雾缭绕中,二十位脸色苍白、穿着红色衣服的宜家员工围坐在一张巨大的灰色签字桌边。桌前,已经老旧的投影仪在墙上投射出一排排数字。

“我绝不同意,这绝对不行。”有人用德语这样说。

这个小个子的男人胡子花白,他那咆哮般的怒吼响彻整个房间,把我们的耳朵都震聋了,他的双拳狠狠地砸在桌子上。

“真是一团糟,没完没了!”

“这肮脏的鬼地方!”

好像他每怒吼一次,肺里的空气又多一些,下一次的爆发就更有力一些。

“我才是这里的老板!”

这时,我们所有人都紧紧抓住桌子,心里盼望着这一阵爆发快点平息,虽然我们都知道不可能。要不了一会儿,这个小个子男人就会找出替罪羊,当着同事的面把他臭骂一顿。

事实上,倒霉的总是我。连续六个月,就我一个人被要求在每次管理层会议上站着开会,每周如此。当时是1990年,宜家的《家居指南》刚刚发布,这一年对宜家而言是关键的一年。我当时是家具部经理,才入行,还在听从物流部经理的调遣,尚未下几个单。这位小个子男人生了气,看来他下定决心要让我永生难忘。

这样每周一次的折磨实在让人受不了。他甚至会在员工餐厅里无所顾忌地说:“展厅简直就像个猪圈,而你却还在这里悠闲地坐着,你到底在干吗?你这个白痴。”

“我是个德国佬。”这便是他的领导理念。

大家可能会以为,在宜家,像斯蒂克尔这样的疯子应该不多。但是这种人占宜家所有员工的比例超出你的想象,而且整个公司到处都有。作为一名高管,本特·拉尔森发起火来毫无节制,骂起人来不留情面,无端地压制别人,显得自己高人一等,这些行为简直与斯蒂克尔如出一辙。我在德国任职那会儿,至少遇到过四个像他这样的店长。最厉害的是柏林分店店长兰博(Rambo)。在管理层会议上,他总是坐在会议桌上方,以便能够"监视那些没用的人保持良好秩序"。有一次,一位年纪较大的室内设计师提出了反对意见,他就一拳打在了这位设计师的嘴巴上。

像斯蒂克尔这样的主管有一个突出特点,他们以欺下媚上为手段获得事业升迁,飞黄腾达。前面已经讲过,瓦劳分店在此期间成了宜家在全球最大的分店。因为我所在部门与瓦劳分店的大部分销售额都有关系,所以很容易了解到斯蒂克尔为什么要进行这种独裁式管理,我和许多其他员工都为之付出了巨大的代价。在瓦劳分店工作了三年之后,我就从管理层退下来了,其他所有的部门经理要么被解雇了,要么就自己辞职了。

斯蒂克尔很快被提拔为德国区总经理,后来又被提拔为澳大利亚区总经理。即便是今天,退了休,领着养老金的同时,他还监管着德国区的一些特殊项目。这一切,都得到了英瓦尔、莫伯格以及代尔维格的批准。他们深知斯蒂克尔要的是什么,但是依然顺他的意。宜家企业文化里,用了一大堆空洞而华丽的辞藻把宜家描述成"优秀的企业",说宜家是个大家庭,员工们在这儿有多么惬意。这些说法,我到今天也不能理解。我想,这恐怕就是人们常说的虚伪吧。

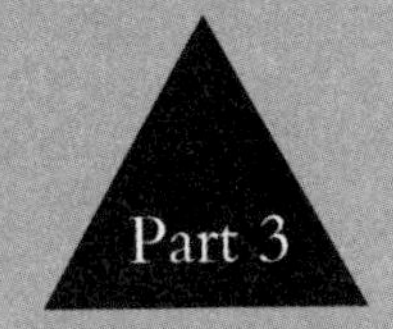

宜家的未来

Chapter 1

没有训条能永远不变

暗流涌动的今日宜家

我真心希望,宜家现在和未来都是一家了不起的公司。但是像这样外表华丽的公司,最大的问题就是他们既不愿意别人来审视他们的行为,也不接受任何有关他们内部问题的讨论。

1988 年,我在宜家找到了第一份工作,当时的宜家只有 3 万名员工,主要营业活动在瑞典,其他地区的业务很有限。而现在的宜家年营业额达 2500 亿瑞典克朗(约合 2300 亿人民币),有近 15 万员工,店铺遍布全球,东至东京,西至洛杉矶,北至瑞典北部的哈帕兰达,南至澳大利亚的珀斯,都有宜家的分店,采购网络更是覆盖全球。由于在过去二十年取得了空前的成功,宜家一直在经历着翻天覆地的变化。

以前,宜家根本没有所谓的工作指南和任务清单。关于卖场的商业运作和管理、如何做好采购以增强优势、如何开发产品等诸如此类的知识和技巧,我都是在卖场的实践操作中摸索出来的。宜家最厉害的一点,是在卖场的实践操作中的口耳相传。与现在相比,当时在各国的零售部和分店影响力更大。另外,位于阿姆霍特的瑞典宜家也是大权在握,毕竟产品开发的权力在他们手里。至于谁决定采购数量、谁做采购预测，一直模糊不清。结果，员工们充分享受着各种自由，也因此造成一些问题，比如畅销产品严重缺货、大量产品库存积压。这些问题让很多人忧心，也给公司造成很大的损失。

如今，宜家比过去更加专业了，不过代价也是巨大的。

官僚作风蔓延了……

2007年是我在瑞典宜家总部产品开发处工作的最后一年，当时在斯莫兰省发生了几件离奇而不妙的事情。通过成立宜家服务公司，瑞典总部取得了更多的控制权。也就是说，那些非核心业务，比如通讯设备、旅馆、IT服务、看管以及当地的其他业务，都被排挤到了边缘，划归宜家服务公司管辖。服务公司的总经理——这里不提他的名字，就叫他汤米·卡尔曼（Tommy Karlman）吧——原本是产品业务部经理，对英瓦尔非常忠心，但绝对算不上管理层中最有才华的一位。

正如瑞典宜家总部一位前任经理说的那样，“只有在宜家，像汤米这样不起眼的人才有可能当上业务部经理”。他的意思并不是说，在宜家当一个经理要求有多低，而是说，像汤米·卡尔曼这样的人由于出生于阿姆霍特，又深得英瓦尔的喜欢，宜家就为他开辟了超出他能力范围的职业道路。

一当上经理，卡尔曼就抓住机会重组宜家在阿姆霍特的整个后勤服务，给手下所有员工发了一件黑色夹克，背上用白色字体印着“宜家服务公司”。不仅如此，为了提振士气，他还聘请了一位教练，专门负责协调员工的工作与生活。其中一位同事纳闷：“工作与生活协调教练是个什么东西？”

当时，没有谁知道答案，但是仅仅过了两个星期，由于请了这位协调师，再加上一个汤米·卡尔曼，几千名员工就失去了公司原本提供的唯一一份福利——每周星期三的蛋糕。虽是一个不大的巧克力蛋糕，不过也算是对每天都吃干饼干的一种调剂（干饼干在阿姆霍特被称为“英瓦尔糕点”），因此大家都很喜欢。汤米把星期三蛋糕换成了酸苹果或吃不进嘴的梨，之后又推行了一大堆愚蠢的改革，这些改革丝毫无助于平衡员工们的工作与生活，也并不利于阿姆霍特员工的健康。

工作与生活平衡教练以及巧克力蛋糕这两件事说明，宜家在最近一些年里出现了两个问题，它们将会严重威胁公司的未来发展。一个问题是，在过去十五至二十年里，官僚主义逐渐在宜家盛行。随着年事已高，英瓦尔投入于工作的时间和精力越来越有限，关注面也越来越小。管理宜家这么大的公司，到了这把年纪，不可能再像五十岁时那样干了，尤其是公司还在飞速地发展。年龄一增大，记忆力就会减退，体力越来越吃不消，判断力就开始变得不稳定，同时还会受到怕死心理的困扰。显然，即便英瓦尔这样的人，如今毕竟已年满八十三岁，所以也越来越表现出这样的变化。这种情形已经出现了好几年了，一开始周围的人还没有注意到，后来就越来越明显。

买台电脑，要花两个月

2008 年春，在宜家绿能科技公司办公室发生了一件事。在此之前，我已经要求同事安娜采购一批计算机以及其他一些风险投资公司必备的设备。

我告诉她：“打电话给瑞典总部的信息部，看看他们对于这些设备有何技术要求。”两个月过去了，她打了很多次电话，可是计算机和相关设备却迟迟不到位。这里有一个重要的信息:安娜受过很好的教育,能力突出,工作动力超出一般人,但是依然拿宜家的官僚作风无可奈何。

有一天早上,安娜告诉我:“约翰,所有有关计算机的问题都可以解决啦。”她说,我只需要进入宜家内部物资服务公司(IMS,IKEA Indirect Material & Services)①的主页,就可以解决所有问题。但是问题仍没有得到解决,我的密码可以进入集团的其他所有系统,但就是进不了这个网页。询问后我才明白,我可能需要花整整一个下午的时间才能进入这个网页,然后订购不到10000瑞典克朗(约合9200元人民币)的计算机设备。我的日程很紧,抽不出一个下午的时间,于是就叫同事直接从戴尔公司订货,不想再理会内部物资服务公司那一套。计算机倒是顺利买到了,可是后来内部物资服务公司就来找麻烦了。

戴尔电脑还在路上的时候,我的电话就响了。打电话的是内部物资服务公司的一位高级经理,他非常生气,用斯科讷方言说:“你不能这么干!”我努力地给他解释说,既然他不是绿能科技公司的董事,就没有权力来下指令,也无权干涉我们的任何活动。这让他更生气了。他说,我们必须要听从他和内部物资服务公司的要求,我们自己怎么想并不重要。如果我继续坚持直接从戴尔公司购买,他和内部物资服务公司将立即切断那条购买渠道。如果我继续捣鬼,他就要把这件事上报给安德斯·代尔维格。

“你想怎么样就怎么样吧。”我说,心里真是觉得奇怪,区区几千元的电脑居然会激起他这么大的怒火。

① 宜家集团的一个子公司,负责购买集团内部所需要的产品,不负责销售。

接下来我又问他,通过内部物资服务公司那些"能人"来操作这笔业务,到底能为宜家和绿能科技公司省下多少钱。只要有可观的折扣,我也不是那么难以说服的。可是他的回答却让我目瞪口呆。

"我们购买没有折扣,这么做是为了安全考虑。"

"等等,你是说,我们必须通过你去购买那些没有任何折扣的电脑,只是因为你们认为我和同事有可能偷公司的电脑?"

"是的。"

内部物资服务公司是宜家集团的新公司的一个代表,那里的管理人员从其他部门获利,却没有为宜家产生任何附加值。位于赫尔辛堡的内部物资服务公司只有500名员工,但是势力涵盖全球。虽然部分机构还是能提供很好的商业建议,但是多数却毫无用处。他们要么缺乏能力,要么没有兴趣,干不出什么事来,只会把精力放在官僚主义的生存之道上,那就是控制别人。内部物资服务公司做事方式死板僵硬,甚至还充当起警察,用他们的主页来监控干预。每样东西,从电灯泡到铲车,都必须通过他们的主页购买,而密码就是权限。可是他们这样做,并没有得到什么好处,也没有为宜家省钱,与供应商也没有关系,一切就是为了控制。控制什么?尽管这么多年里,我看到很多同事因为违规而被解雇,但他们的做法都比这些人要圆滑很多。内部物资服务公司的做法,要是与采购部门比较起来,就更是让人觉得是非颠倒了。采购部门在斯文-奥洛夫·库尔多夫的带领下,充分发挥才干,投入巨大精力,在1995年至2005年间,征服了几大洲,为宜家今天的辉煌创造了充分的条件。他们追求的是低价,而不是对别人的控制。

害怕犯错误，是发展的大敌

我进入宜家的时候，英瓦尔六十二岁，距离正常的退休年龄还有几年，当时他的身体状况非常好。过去二十年里，他实际上已经老了许多。当然，与一般人相比，英瓦尔更加谨慎小心，操心也多。但是他自己说，他的精力已不如从前，记忆力也不再像以前那么配合了。英瓦尔逐渐淡出宜家管理层，不再正式负责宜家事务之后，必然出现权力空缺。由于他在自己用一生创造的事业上始终积极活跃，退出后留下的这个权力空缺必然很大。实际上到目前为止英瓦尔仍具有绝对的权威，只是他所承担的责任在慢慢地减少，取而代之的是一大帮官僚主义者。很多情况下，这样的发展是有利的，毕竟新鲜血液会带来新观点和新思维，在一定程度上对于宜家也是如此。但官僚主义盛行的弊端主要是，这些官僚不敢甚至无力承担责任，职责不清、推诿塞责的作风在公司上下蔓延，导致人心涣散，员工们都忧心忡忡。这对于一个企业的发展是很不利的。

“我们的目标，要求我们不断地践行决策和承担责任，不断地克服害怕犯错误的心理。害怕犯错误是产生官僚作风的根源，也是发展的大敌，没有哪个决策可被称为唯一正确的决策。”

这话是英瓦尔讲的，写在宜家的企业文化圣经《一个家具商的誓约》里面。从上世纪90年代中期起，宜家的用人政策就体现了这种害怕犯错的问题。从那时起，身居要职的许多员工都是些无名之辈，并未显示出干大事业的能力，只是在回避冲突和问题方面颇有才华。换句话说，他们是那种超级善于避免摩擦的人。在这样的管理之下，公司或许不会有大问题，但是却难以获得发展。战略思维能力、整体布局视野和对因果关系的理解正是官僚主义所缺乏的，而这些素质原本是宜家管理者的优点。关注大小问题，注重问题的细节,在如今的宜家已不多见。现在的各国分公司总经理里很少有人曾经做过分店店长,更遑论成功的分店店长了。连现在的分店店长都很少是从部门经理做起的。任职条件、对核心商业活动的了解都只用来要求管理层以外的人,管理层已不再需要这一套了。

"努力干吧"变成了"等等看吧"

这就是宜家开始变得死气沉沉、按部就班的原因。不幸的是,不仅员工和董事会成员喜欢上了这种僵化的模式,竞争对手迟早也会注意到宜家死水一潭的局面。这也表现在语言表达的转变中。以前人们常说"努力干吧","舍得冒险,才有所获",现在却谨小慎微地说,"我们等等看,等了解多一点再说",或者"如果这样不行的话,会损失很多"。

在官僚主义的危害中,害怕犯错是最严重的问题。这种心理有一部分来自于官僚主义者如同会计一样生怕出错的本性,还有一部分源于缺乏对公司的整体思考。官僚主义者喜欢舒适安稳、一成不变,干事情只在自己能力范围之内。一旦要改变舒服的惯性思维,那简直是难以想象的,他们的想法是,每个人只需要知道自己的责任,不需要管别人的责任。

这种官场疾病甚至也会传染给那些有企业精神的干将。我认识一些能干的人,曾在宜家乘风破浪、独领风骚,可是就在这么几年时间里,变成了死气沉沉的官僚。虽然不太愿意这么说,我还是要指出,正是在现任首席执行官安德斯·代尔维格的管理下,这种官僚主义得到了发展。我很敬佩代尔维格本人和他的学识,代尔维格也不期望出现这种令人窒息的官僚主义氛围,但是必须要指出来的是,他没有努力去阻止官僚主义的蔓延。

无疑,代尔维格是我经历过的最好的上司,他的为人处世、他所关心之事、他的勇气都独一无二。他担任英国区总经理时,我是利兹分店的店长,当时我认识的每一个宜家的英国管理人员都对他敬畏有加。我第一天到伦敦办公室上班时,他递给我一张薄薄的 A4 纸,上面是手写的筹划了四年的纽卡斯尔分店项目计划。他随后对我说,希望这家店能在十一个月后开始营业(这可是破纪录的速度),虽然预算很紧,但是希望它成为宜家商业进程中又一光辉案例。他最后说,这就看我和同事波斯·埃尔森(Bosse Ahlsen)的了。

代尔维格为我们指出了一条新的道路,给了我们格外的信任,在获得成功后又让我们享受了荣誉的光环。我的同事大卫·胡德(David Hood,现任宜家澳大利亚区总经理),有一天听到安德斯·代尔维格要他在伦敦建一座大型的瑟罗克分店时,用标准的苏格兰口音怀疑地问我:

“安德斯怎么回事?他怎么能就瑟罗克分店提这么高的要求?他是对我有意见吗?”

对于一个苏格兰人,你要是在他面前显得过于自信,会被认为是莫名其妙,甚至是对他的冒犯。任何一个没有在零售企业做过管理的人,都难以理解这样做所需要的领导才能。说白一点,在任何大型零售企业里,随时都可能出现无数的错误。领导也难免犯一两个错误,比如忽略了某个问题,躲在办公桌后面逃避,或者不信任员工而自己直接行动。代尔维格不是这样,他既信任我们,也让我们信心十足,他不逃避现实,乐于公开讨论任何人或事情,只要我们愿意。

但是,如今的代尔维格变成了一个完全不同的高管,这也可以理解。管理宜家这样庞大的企业,需要另一种类型的领导方式。毫无疑问，代尔维格也曾做出努力，重新制定了招聘政策。2000年初的时候，公司开始有了一些新气象。可惜老板英瓦尔和他的三个儿子带着家族企业的思维对他进行轮番轰炸。作为一位首席执行官，代尔维格不得不在很多问题上向企业主让步。当然，他也可以反对，但是不可能在每一件事上都这么做。坎普拉德只需要在英格卡控股公司董事会上投一张反对票，要不了几个星期，他就会丢掉他的工作。宜家多元化的企业文化特征没有了，一个成熟的、极具竞争力的电子商务模式被终止了，宜家将很快失去所有勇敢的、具有企业家精神的人，剩下的只有那些死气沉沉的官僚主义者。

英瓦尔总是认为，“一个企业，如果没有人能逆流而上，那么必死无疑”。令人伤心的是，我现在丝毫想不出来宜家有哪位员工能逆流而上。以前倒是有，不过他们要么离开了，要么就是被官僚主义同化了。

草率处罚犯错者，会使员工消极被动

宜家明明把“必须允许人犯错误”作为《一个家具商的誓约》中的第八个信念，现在却走向了反面，难免让人觉得奇怪。现在的实际情况是，谁犯了错，谁就会被开除。早些时候，本来公司计划扩大波兰地区的框架板家具，具体来讲，即BESTÅ系列的产能，但是由于英瓦尔、安德斯和索比扬·洛夫等人过于谨慎、犹豫不决，造成了宜家历史上最严重的货物短缺。

这个错误导致宜家数十亿瑞典克朗的收入损失，当时顾客已经从《家居指南》上订了货，却得不到货品，自然非常生气，店铺里的员工们不得不大费口舌向他们解释。大家或许会说，宜家不可能确保所有的低价产品都有库存，每当缺货时英瓦尔也是这么想的。缺货是难免的,宜家只要解释清楚发货总有先后,也不会有多大的损失。但是这样的话,BESTÅ 系列根本就不该印在上百万册的《家居指南》里。

害怕犯错的心理有多大影响呢?四五年前投资纺织品这件事最能说明问题。有一位能干的产品业务部经理,暂且叫她玛丽卡·兰姆萍(Marika Ramping)吧。她在休完产假后,被授权接管纺织品研发。由于之前玛丽卡在卧室产品部门干得不错,特别是推出了衣橱系列(每年她的 PAX 系列产品都能卖数十亿瑞典克朗),因此公司对她的期望值很高。玛丽卡也是说到做到的人,她很快设计出了一种新的纺织品,订单送到了工厂,与分销商签好了合同,新品消息也发布到了店铺。上至英瓦尔,下至安德斯·代尔维格、瑞典宜家总部负责人约瑟芬·里德贝格-杜蒙,甚至连汉斯-戈兰·斯腾纳特(Hans-Göran Stennert),都对这款新品充满信心。斯腾纳特是英瓦尔的小舅子,即玛格丽特的弟弟,担任英格卡控股公司的董事会主席,实际上是宜家的最高主管。他被认为是很能干的人,在产品和销售方面拥有举足轻重的地位。只有零售部门的人对新产品有很多抱怨,他们既要卖掉现有的纺织品存货,又要进新品,很是麻烦。但是总体上讲,宜家上下对新产品都一片叫好,可是接下来发生的事情却证明他们高兴得太早了。

如今回过头来,仍然很难完全了解事情发生的详细过程。我所知道的情况大概是这样的:当时所有人都对这个新产品叫好,在一片过于乐观的热情中,就匆忙下了订单,没有仔细思考 10 万欧标托盘的材料有多少。要知道,一欧标托盘近乎一立方米!这还没完,由于八月份成本高昂的《家居指南》就要付印,所有的分店都赶紧下单采购新产品。前所未有的大量订单,进入了各家店铺。很快,多得超乎想象的原材料洪水般通过飞机、火车、货车和轮船运往宜家。

这一冒险投资很快招致失败。就像前面所讲的堆积如山的棕色灯芯绒沙发一样，这一次也给宜家造成了重创。问题在于，产品业务部在订购纺织品材料时根本没有仔细思量，他们认为，织物、垫子和窗帘至少会比通常的畅销纺织品多卖出至少两倍，或许三倍。这一夸张的市场预测，不仅通过了采购和分销部门的标准控制流程，而且也得到了坎普拉德、斯腾纳特和里德贝格-杜蒙的批准。不过，巨大的错误已经犯下了，损失惨重。数十万托盘的纺织品被发往宜家在世界各地的分店，但是由于产品定价过高，同时大部分顾客也不喜欢这款产品的设计，所以最后只有极少部分以原价卖出。

接着，奇怪的事情发生了。麻烦惹出后，除了兰姆萍以外，各级别的经理都努力地撇清自己与这件事的关系。躲得最远的是英瓦尔。我想在这一刻，玛丽卡做梦也没有想到会遇上这样的虚构小人。

英瓦尔第一个提出要兰姆萍辞职。在英格卡控股公司的会议上，坎普拉德用了很多时间批评玛丽卡，用粗俗的语言诽谤她。他说得太难听了，连里德贝格-杜蒙（英瓦尔恶狠狠地叫她里德贝格臭娘们）也听不下去了，转而为兰姆萍辩护。没过多久，兰姆萍被解雇了，这是我在宜家二十年里见过的最卑鄙的开除手段。在没有任何征兆的情况下，她被通知参加一个会议，人事部经理也在场。“你被解雇了。”人事部经理说出了这句话，结束了兰姆萍在宜家二十年的职业生涯。

那么兰姆萍有什么错？当然，她有点鲁莽，一开始没有跟分店做好沟通。但是，她的新任务，即开发新产品，是由高层指派的。该计划一开始也受到大家的一致赞扬。我个人觉得,她的错误只有两点。第一,她的性别有错。英瓦尔本来就不喜欢女员工,虽然宜家也有女主管,但是没有谁像兰姆萍这么强势又有胆量。坎普拉德最不喜欢强势又勇敢的女员工,连这样的男员工他都不喜欢。她的第二个错在于,她的设计没能成功。在今日的宜家,任何错误都极不受欢迎。

兰姆萍被解雇这件事,体现出管理层胆小怕事,也说明了今日宜家的病症。与十年前相比,英瓦尔现在更怕冒险。其他高管也存在同样的问题。只有汉斯-戈兰·斯腾纳特一个人秉持诚实的原则,公开地说自己也要承担责任,因为他作为纺织品业务部董事和英格卡控股公司董事会主席的主席,参与了决策。本书后面部分会再来谈谈这位汉斯-戈兰。

"让女士们都站在前排!"

20世纪90年代末的时候,英瓦尔·坎普拉德和安德斯·莫伯格召集宜家所有重要的经理,包括门店店长、区域总经理、财务经理和办公室主任,参观波兰地区的店铺和工厂。有一天下午,我们坐着汽车来到了位于华沙的斯大林塔,这座巨大的哥特式建筑高高耸立在其姊妹塔旁边,成为市区的最高点。这两座塔是二战后苏联领导人斯大林送给波兰人民的礼物,但实际上是波兰人民自己掏钱出力修建的。

为了听莫伯格用瑞典语发表的冗长的演讲,三百位同事乘坐电梯来到一个通风不太好的狭小房间里。痛苦地忍受了几个小时后,大家再乘坐电梯下来,在门口的台阶上集合留影。

"让女士们都站在前排,这样看起来才会让人觉得宜家有很多女经理。”莫伯格半开玩笑地安排大家站队。

宜家的两性平等问题在这里体现得淋漓尽致。其间有那么两三年时间,新任首席执行官代尔维格想要打破男性统治的局面,但是后来又回到了过去的状况。

好记性的人或许会说,不是经常在报纸上看到有关宜家女经理的报道吗?的确,宜家德国公司、瑞典销售公司,以及前述的加拿大销售公司都是在女总经理的执掌之下,同时还有好几个区域女总经理。但是,仅此而已。就像莫伯格开玩笑说的那样,照相的时候,这些女经理,包括德国的佩特拉·海瑟(Petra Hesser)、瑞典的珍妮特·索德伯格(Jeanette Söderberg)、加拿大的克莉·莫利纳罗(Kerry Molinaro)都站到了前排。这些女经理的重要作用不能被低估,但是她们对整个宜家的影响其实很有限,因为她们负责的都是零售企业。这就意味着,她们只会决定操作性问题,比如店铺的运营。她们无法对商业区划、采购或产品开发进行决策。代尔维格担任总经理时,就曾经以零售企业的影响力有限为借口,来降低分店店长的薪水(恐怕也包括他自己的薪水)。

在如今的宜家领导团队里,只有佩妮莱·洛佩兹(Pernille Lopez)一位女性,她现在是宜家人力资源部负责人,以前担任过北美区总经理。如果一个零售企业的总经理对宜家的影响力都有限的话,那么人力资源部经理的影响力就更小了,只涉及一些行政事务。在这以前,宜家领导层的两位女性经理影响力都挺大,一位是刚刚提到的北美区总经理佩妮莱·洛佩兹,另一位是前面提到的瑞典宜家总裁里德贝格-杜蒙。不过坎普拉德周围的女员工越是强大,越有权力,就越会受到他的排斥。

大家或许会感到奇怪，为什么克莉、佩特拉和珍妮特这三位女性都没有进入宜家集团的管理团队呢？她们中的前两位长期担任要职，远远要比如今管理团队里的大多数男性成员更有资格。

在外界看来，宜家是一个极其平等的公司。但是，你不能从媒体上读到的人物去判断公司的内部状况。

企业要拓展，需要有主见、有勇气的领头人

对于坐在办公桌后面掌控世界的行政人员而言，克服害怕心理的最好办法就是让企业发展按部就班。1975 年至 1985 年期间，宜家加速在德国、法国、荷兰和比利时开设分店，面对新的战线，需要一种新的领导方式。公司要扩张，就需要那种能够独立决策、有勇气独立解决问题的领导。当时在宜家还没有什么管理程序的概念，即没有规则、追踪报告、初稿或者其他的指导措施。好在当时还有《工作指南》，提供参考和预防策略。但是更多的时候，分店店长或者区域总经理只能靠常识作出判断。瑞典家纺品牌 Hemtex 公司总经理戈兰·耶兹特兰德(Göran Ydstrand)，宜家餐饮部经理珍妮·凯尔曼(Janne Kjellman)，宜家前任首席执行官、现任董事会主席及五金百货公司 Clas Ohlson 大股东安德斯·莫伯格，都是那一代经理人中的典范。

今天的宜家领导者是按照不同的标准升迁上来的，很多人会说，他们有卓越的价值观，因而可以成为优秀的领导者，当然这也对。不过问题是，如果一位营销经理或人力资源经理这样对于零售业务一窍不通的人升任某国宜家总经理，他就需要面对各店铺里成千上万的零售业务专家，而且这位新任区域总经理也抽不出上千个小时的时间去了解，什么才是现实中的生意人。对于顾客行为、产

品、价格和店铺日常商业关系的了解和掌握，都需要在一点一滴的工作中实现。否则，你最多能获取一些间接知识，无法真正了解你的工作，对于你的核心任务更缺乏深刻认识。

同时，宜家集团后勤服务公司的经理们都是一些行政管理人员，并没有参与实际活动的经验，高层经理也一样。安德斯·代尔维格很有控制欲，一旦他对什么事情没有把握，就会把他的老一套搬出来。当然从很多方面来看，安德斯·代尔维格可谓一位卓越的领导人，不过仅限于他熟悉的领域。正如前面所述，宜家的创造力主要来自产品开发和采购。遗憾的是，产品开发和采购正是代尔维格的盲点，他自己不愿意关心，也了解得比较肤浅。

宜家集团领导中，只有迈克尔·奥尔森真正有过零售经验。瑞典宜家总经理索比扬·洛夫最早是个建筑商，后来担任意大利区采购经理，再后来担任产品事务部经理，取得过一些不大不小的成绩。他的前任里德贝格-杜蒙在实际领域的经验更有限，之前主要在宣传和公关部门任职。

还有一个例子更糟糕。英瓦尔的小舅子汉斯-戈兰·斯腾纳特原来做产品研发，担任过产品业务部经理，首创了浴室产品PERISKOP。他卸任后，竟然由法学教授戈兰·格罗斯科普夫(Göran Grosskopf)接替他做了英格卡控股公司董事会主席。

由于董事会主席、集团经理和子公司经理都是由不起眼的后勤管理人员来担任，因而现在的宜家对于陌生事物的恐惧心理正在蔓延。同时，公司创始人正在因年龄原因而逐渐被边缘化。要解决后勤管理人员的恐惧心理，又会造成官僚主义。公司渐渐讲究形式化和世故的东西，越来越不自由。标准化模式，即每一件事情都要按照固定模式运行，代替了原来员工们形形色色的思维模式。当然，这没有被称为标准化模式,而是被叫成所谓最好的经验、资历、量化管理、目标控制或者甚至是标杆管理,但结果是一样的:阻止了思考,限制了创造性,让员工不能按自己的想法去做。

在宜家,最近这些年最突出的现象就是完全不再有新的战略性进展。先前是英瓦尔强力推动公司的发展,大宗采购往东扩展,创立了宜家的工业公司 Swedwood,如今其产量占宜家总产量的 10%。当时他力排众议,决定投入大笔资金对一个产业领域进行统合,而该领域当时并不是宜家的核心业务所在。这个勇敢而具有深远影响的决策,也是英瓦尔不顾身边顾问的反对而作出的。后来,他还决定进入俄罗斯的零售和生产领域,等等,难以穷尽。但是,在最近的七八年时间里,宜家没有取得过任何有战略意义的进展。你看看这个奇怪的决定吧,要在东京开一个分店。那远远不如在中国开三十家分店。宜家最重要的采购地是中国,却没有率先进入中国市场,被对手占了先机。如果在中国有大量的分店,宜家就可充分享受大宗货物本地采购的优势。中国的价格优势也会为宜家在世界各地带来优势。但是,宜家却没有这样做,向中国扩展的决策来得太晚了,也太保守了。

这也是为什么宜家的成本不断上升,而且还找不到降低成本的办法。一旦价格上涨造成资金短缺,困境一定会出现,因为如果英瓦尔没有解决办法,似乎也没有人想得出办法了。

要持续成功,积极、独立、诚实不可或缺

把官僚主义者放在宜家最核心的位置,给宜家造成的后果不仅仅是发展停滞不前。官僚作风的另一个典型症状就是缺乏信任,任何不合规范的事情都得不到信任:任何积极的、独立的、诚实的人都

得不到信任,因为诚实是对官僚主义的最大威胁。

造成这种状况的人首先还是英瓦尔·坎普拉德自己。没有他的首肯,以上情况也不可能发生。坎普拉德是一个对自己和周围事物极其敏感的人。几年前的一个早上,在阿姆霍特布鲁斯潘大楼的一楼,我偶然遇到他坐在圆桌上喝咖啡,就向他提起了这个问题。他的反应就是,巧妙地把话题引开。官僚作风原本是他不共戴天的敌人,现在他却用冠冕堂皇的理由解释说,这样做有利于公司管理,更有可预见性。换句话说,为了迎合这位已经老态龙钟的创始人,公司不得不改变之前积极开拓的发展策略。这或许可以理解,但是有两个问题让人担心。

首先,停滞不前的宜家迟早会遭遇更加强劲的对手。我们今天看到的宜家实际上是在 20 世纪 80 年代和 90 年代发展起来的,是当时采取大跃进战略的结果。虽然现在宜家每年也要开很多家新店,但是这些新店规模都很小,模式千篇一律。那不叫发展,只能叫经营活动。经营活动不能创造出有竞争力的优势,只有发展才能创造优势。

另一个问题是,这种管理模式造成的官僚作风必将导致消极和被动行为。一旦英瓦尔·坎普拉德离开了公司,他的孩子们和一小撮老态龙钟的掌权者就会坐上他的位置。这些人当中,没有谁有能力或经验——也没有谁有洞察力来看到这些问题——能够消除宜家的这种沉闷状态。如果这种情况持续下去,宜家的创造力将难以再现。

宜家的掌权人可能会提出反对意见,认为在宜家虽然官僚主义作风得势,英瓦尔年纪越来越大,但新一代的年轻管理层同样把公司管理得很好。这种反对意见也对,但是我想说的是,宜家这部机器的整个基础和创造这些丰厚利润的宜家文化是在二三十年前建立的。任何一家公司,如果背后的机制和文化不能得到持续的发展,就无法获得持续的成功。

艰难的多元化之路

宜家有一个奇怪的现象,即怀疑陌生事物。20世纪七八十年代,在整个西欧开分店总要花很长时间,因为瑞典人一直在管着西欧事务。即使是在一些重要的国家,比如英国和意大利,也是如此。同样,在亚洲业务方面,亚洲人始终得不到重要职位,这是为什么呢?

这一切只能用一个词来形容:不信任。这里所说的不信任发源于斯莫兰,并从宜家创办以来就伴随着坎普拉德存在。所有来自阿姆霍特地区以外的人都得不到他的信任,这一点毫不夸张。坎普拉德聘请的第一位经理是一位来自阿姆霍特郊外迪霍特(Dihult)村的农民的儿子,他被聘用的原因是手球打得好。坎普拉德聘请的第二位经理我相信也一定来自斯莫兰省,而且是与英瓦尔关系很近的人。

我对英瓦尔的世界观的看法是,他基本上只信任有亲缘关系的人。既然这样,那么只有真正的瑞典人才符合基本条件,而他们中间,只有那些来自斯莫兰省的阿姆霍特及其周边地区的人才行。这个世界上没有既能干又可以依靠的女人,他只相信男人。对于我这二十年中的所见所闻,我只能这样去理解。

我不做英瓦尔的私人助理后,需要聘请一位接替我的人。这时,有人第一次提到了聘请一位女助理,但是最终还是被英瓦尔拒绝。据一位位居宜家高层、与英瓦尔关系很近的员工透露,主要原因是“英瓦尔坚决不接受女助理”。每次聘用关键岗位的员工，情况的确如此。在选拔候选人时，虽然其他人也会提出建议，但英瓦尔总是最终的决策者。不久前，他又要换助手了，候选的是一位非常能干的员工，他是位亚裔瑞典人。从背景、能力到年龄，整个宜家没有比他更合适的人选了。英瓦尔要是有这个人做助手，一定会取得更好的成绩，但英瓦尔选了另外一个候选人，从资格、经验到能力都无法和前者相比。当然我说不出来为什么前一个人落选，但是我知道一点：最终入选的这位一定像我和他的前几任助手一样，是金发碧眼、身材高大的瑞典新教徒，而且是异性恋者。

我想指出一点。安德斯·代尔维格是宜家里的第一位，保不准也是最后一位寻求多元化的首席执行官。他经过英瓦尔的同意，聘约瑟芬·里德贝格-杜蒙担任瑞典宜家总经理，成了宜家的二号人物。安德斯·代尔维格还任命佩妮莱·洛佩兹为北美区总经理，这样宜家就有了两位女性经理进入高层管理团队。约瑟芬思维活跃，有能力，能让宜家总部、采购和分销部门摆脱偏见。代尔维格还让整个宜家的重要人物接受了多元化培训，培训者是一位美籍以色列人，名叫莎莉·布罗迪(Sari Brody)，毕业于医学专业，是个医生，很有个人魅力，彻底征服了大家。在代尔维格执掌时期，宜家不再以性别、民族、肤色、宗教信仰和性取向阻碍员工发展，反而把这种多元性作为一种资产。在当时的宜家，组建管理团队时首先考虑的也是多元化而非按额分配。

但是不久后，这种很受欢迎的发展结束了。当代尔维格打算向董事会撰写有关多元化政策的报告时，英瓦尔用非常苛刻的言辞拒绝了他的建议。我不知道英瓦尔在这个问题上持什么立场，但是我想这是因为他不信任陌生事物。

彼得·坎普拉德曾用嘲笑的口气说:“我甚至不介意雇佣黑人。”这样的话他说过好几次,有时像在开玩笑,有时又很严肃认真。我起码听他这么说过三次。我从来还没有听过哪位管理层人员说过这么令人震惊的话,他接着说:“等我们把安德斯·代尔维格赶出去的时候,我们就会把这些垃圾扫地出门。或许黑人也没有太多毛病,不过总还有那么一点吧。”

讲这话的人可是要接替英瓦尔掌管宜家的人,宜家的指定继承人和未来的统治者啊。彼得这样说时,弟弟乔纳斯(Johas Kamprad)迟疑地朝着他笑了笑。具有讽刺意味的是,乔纳斯的妻子就是个伊朗人。在宜家,有数千名员工在民族、肤色、宗教信仰和性取向上都与坎普拉德兄弟不同。大家都不知道,英瓦尔把宜家交给儿子掌管后,这些员工们到底该如何自处。

我担任宜家绿能科技公司总经理时,准备任命一位副总经理,这事首先要在所谓的项目部讨论,然后再在董事会讨论。我想要任命一位女性,因为这一系列的业务都是男性主导,从长远来看,性别的多元化会是一笔资产。这位女性人选必须熟悉商业,具有工科背景。我还没说完,就遭到了在场人士的批评。说得最难听的是彼得·坎普拉德和即将担任宜家绿能董事会主席的戈兰·林达尔(严格地从法律上讲,这次会议并不是一次董事会议,林达尔也不算是董事会主席,因为当时这家公司都还没有真正建立)。

“不,你得按照条件来选人。”林达尔铁青着脸,对着我摇摇手指,大声地说。

“你的意思是没有符合条件的女候选人?”

这是我第一次有被釜底抽薪的感觉,而且也第一次预感到,我在宜家的日子可能屈指可数了。只能按照条件来任命,不能考虑多元性,在我看来,这是宜家最糟糕的托词,因为这就意味着,不信任陌生事物这块玻璃天花板将会更加固化了。最后,我力排众议,还是任命了一位女副总经理,而她一上任,每个人都很满意。

看看最近任命的经理,也可以看出宜家正在发生的变化。前任采购经理、来自斯莫兰省的库尔多夫离职后,接替他的是吉拉伯·斯塔克(Girab Stark)。担任采购经理期间,库尔多夫取得了巨大的成功。他之前任荷兰区总经理,是坎普拉德和莫伯格亲手把他调来担任这一重要职务的。作为一个工程师,库尔多夫很聪明,先花了六个月的时间来了解情况。他直接飞到每一个采购办公室,从底层开始了解这一新领域的职责。没用多久,他就取得了成功,因为他善于听取公司的需求,下属也对他非常忠诚。不管在他之前还是之后,都没有哪一位采购经理像他那样,对于同事和增强宜家竞争力如此重要。

相反,戈兰·斯塔克没有那么能干,所受教育也逊色些。仅仅因为戈兰想干,他就被任命担任这个职务了,好像在宜家10万员工里就没有任何其他人选了。当然,他也是阿姆霍特人。我的意思不是说戈兰工作干得不好,他甚至连干都不干。他启动了一些重要的后勤解决方案,增加了公司最重要产品在店铺里的供应量。可是这些方案都没有成功。在他的管理下,公司成本不断上涨。这些年来,他没有酝酿出一个有战略意义的采购方案。购买中国内墙材料的渠道一直打不通,进口俄罗斯产品也举棋不定,虽然钱倒是投入不少。结果,进货价格不断上涨,给宜家造成了很大损失,也给竞争对手创造了机会。

我想他犯的最严重错误就是用人不当。他那个部门负责供应链,下面的重要职位上都没有女员工。供应链的决策机构是整个宜家采购和后勤部门最为重要的行政机构,只有男员工,而且其中大部分都来自阿姆霍特那个小地方,其中有三个是中学同班同学,就我所知,他们也没有受过更多的正规教育,只读过中学。

即便我们观察宜家的更高层级,情况同样如此。采购和物流归宜家瑞典服务公司,即瑞典宜家总经理负责。在杜蒙任瑞典宜家总经理时,宜家管理团队充分体现了种族、宗教信仰、性别等方面的多元性。因此,决策的制定可以建立在广泛的经验和不同的生活观念基础之上。比如,由于考虑到宜家80%的顾客都是女性,杜蒙领导的决策机构里女经理至少占了一半。

在杜蒙领导的时代,英语是瑞典宜家的工作语言。后来索比扬·洛夫接替她,洛夫生在阿姆霍特,仅仅受过两年的职业技术教育。他的英语平平,讲出来就是一股瑞典腔。洛夫的管理团队里只有一位女性,也是阿姆霍特人。其他成员里也只有一位不是瑞典人。为了促进决策,他成立了一个特别战略小组,而这位非瑞典人士就被排除在外,因而所有问题就可以通过斯莫兰方言而非瑞典式英语来讨论。战略小组里还有与众不同的人,因为他的出生地不同,是北斯莫兰省的特拉纳斯(Tranas)。我们所说的这个战略小组要解决宜家所有的重大决策问题,包括采购、物流、产品和全球战略,要讨论和决策的问题包括产品的品种数量,包括具体什么样的产品,不计地区差异的进店成本价格和销售价格。也就是说,宜家的利润也是这个小组来决定的。宜家50多万员工和全球供应商的生计全都直接仰仗他们的能力。

或许来自另一个宜家分公司的员工拥有不同的视角和背景,至少会给决策过程带来一些积极作用。在宜家瑞典服务公司,整齐划一似乎已经被提到公司的战略层面。只要参加会议的人脑筋差不多,作出的决策就很难有多大的改进。有不少比宜家还大的企业,就因为像宜家一样以自我为中心,搞小圈子,放弃了多元化的理念,从而走向了倒闭。其实多元化有助于丰富和改善公司的决策。除了坎普拉德和他的儿子们之外,似乎已有越来越多的宜家员工把整齐划一看做是公司的战略。

唯一应当恐惧的是恐惧本身

宜家在多元化这样的根本问题上,非但没有进步,而且日益倒退。对此的解释只有一个,那就是英瓦尔不喜欢多元化。在新千年来临的时候,英瓦尔接受安德斯·代尔维格的劝告,同意任命杜蒙为瑞典宜家总经理。之所以这样,恐怕是因为代尔维格才刚上任,他们已经审视并讨论过很多根本性问题,英瓦尔觉得再提出反对意见会不太好。

从那以后,这位宜家创始人的年龄越来越大,他担心自己有一天会死去,也担心他所深爱的宜家何去何从。他的儿子们已被安排进入公司,以防不测。即便如此,在过去这几年里,英瓦尔的担心一直笼罩着宜家上下。他内心的恐惧使他往后看,而不是往前看,着眼于以前的供货市场,而不是新兴市场,关心忠诚的老朋友而不关心新职员,关注很久前已被抛弃的产品,而不关注新产品。

这种恐惧心理早在英瓦尔不得不从首席执行官职位上退下来的时候就已经出现。十二年前,当莫伯格接替坎普拉德成为新的首席执行官时,周围的人都认为,这是一个很大胆的决策。当时莫伯格只有三十五岁。坎普拉德原来阵营中的很多人都觉得受到了冷遇。当然莫伯格也是阿姆霍特人,但是他在担任法国区总经理时业绩很突出。莫伯格的接替者安德斯·代尔维格比较没有争议,因为他已经超过了四十岁,而且在英国宜家作出了重要贡献。当然最重要的是,他是英瓦尔的前任助手,据说是唯一一个英瓦尔愿意倾听的人。客观地说,更合理的人选是迈克尔·奥尔森,他当时已是瑞典服务公司的总经理,他把宜家集团最为重要的公司提升到了一个别人都认为不可能的高度。因为迈克尔做过零售业务,他比代尔维格更了解零售、采购、物流和产品开发的。尽管奥尔森的简历很耀眼,但他没能获得聘任,因为他喜欢和别人争论,并且有自己独立的看法,在必要时,还能巧妙地为自己辩护。直到 2009 年 1 月,奥尔森才被任命为首席执行官,因为在过去十年里他干得很投入。不过问题在于怎样才能让这么一位有才华又富有团队意识的人循规蹈矩,竭尽全力地只供坎普拉德家差遣。

朱莉·德罗齐埃毫无疑问是瑞典宜家公司总经理杜蒙的合适接班人,也应该是杜蒙和代尔维格推荐给英瓦尔的人选。朱莉研发了宜家的卧室产品,不管是在款式、功能和价格方面,她都以卓越的才华为宜家创造了历史。除了汉斯-阿克·佩尔松和佩尔·卡尔松开发出了厨房产品之外,就没有其他人能够像她一样研发出这么丰富的产品种类,带来这么长期的销售业绩和这么长久的利润增长了。朱莉具备担任该职务的一切条件:资历、领导力、同事们的敬仰,以及做产品研发所要求的卓越才华和判断直觉。但是,英瓦尔不同意,后来任命了能力不强、不太可靠的洛夫。为什么呢?答案太简单了。这位能干的朱莉是一位女士,是法裔加拿大人,而被任命的洛夫是一位男士,出生于阿姆霍特。尽管朱莉的瑞典语讲得比这位男士还好,可在如此背景之下,这些都不起丝毫作用。

Chapter 2

装穷的世界首富

坎普拉德的完美计划

20 世纪 80 年代,正当雅皮士风潮盛行之际,里法特·萨义德(Reefat el Sayed)这个响亮的名字突然成为闪耀在瑞典工业领域的一颗新星。在由管理精英组成的白天鹅群里,他显得有些另类,不仅因为他的行当有点独特(为青霉素提供原材料),而且因为他是一位埃及人。但是,很快他就确立了自己的重要地位,组建了自己的工业王国 P.G.Gyllenhammer,引来了不少人的关注。不过,事情很快就急转直下。

毫无疑问,萨义德过去和现在都算是一位成功的商人,但是他犯了一个错误:谎称自己有博士学位。他本来跟 Gyllenhammer 和 Gyll(Sören Gyll 是除了 Gyllenhammer 之外在 20 世纪 80 年代最为成功的瑞典商人)等人一起走在 P.G.Gyllenhammer 大楼的金色走廊里,却突然沦为阶下囚,在法庭上受审,颜面尽失。

我在乌普萨拉大学读书时,教授们经常引用萨义德的例子。他们都很肯定地认为,萨义德是因为撒谎倒了台。现在,我终于明白,对于萨义德的审判是非常不公平的。虽然他撒了谎,但是谁又能(哪怕有一刻)肯定,其他所有的瑞典管理人员在诚实与美德上都是模范？不幸的是，他更受害于另一个极具瑞典特色的“美德”——嫉妒，并且因为他是埃及人。但是不管怎么说，萨义德的故事说明，讲真话是多么重要。

那么英瓦尔·坎普拉德讲真话吗？为什么他一而再，再而三地说，他不是全球最富有的人？

处心积虑，不让外人染指坎普拉德王国

英瓦尔不久前对瑞典《工业日报》(*di.se*)说：“有人说我是世界首富，那是假的，纯属杜撰。宜家一直属于基金会，我和我们家都没有从宜家得到一分钱。”

在我的记忆中，他已经多次做过以上的声明，对宜家的15万员工做过，对全球各地的供应商做过，对瑞典和其他地方数以亿计的大众都做过。

坎普拉德和他的律师汉斯·斯卡林(Hans Skallin)编织了一张复杂的公司和基金会网，组建了一个坎普拉德王国，即宜家集团(包括门店、仓库、采购、瑞典宜家AB公司)以及英特宜家(英特宜家是宜家品牌拥有者)，一方面是为了更好地控制公司和资金流动，另一方面是为了在他去世后他的儿子能更好地控制遗产，但是更为重要的是防止公司被外人控制。防止外人控制公司的最直接做法就是组建极其复杂的公司和基金会，构建一个自成一体的全球联合会。基于这样一个组织，不同部门之间的权力容易得到平衡，便于管理。任何一个部门都不会拥有过大的权力。权力斗争和冲突被融合到了宜家的核心结构设计中，而英瓦尔也完全不需要直接介入，就可以不动干戈、悄无声息地管理好他的遗产。换句话说，他可以轻松地决定在他死后，哪个儿子会拥有最大的权力，统治宜家王国。重

要的是，他所铸就的高墙可以使他完全控制资金的流动，还使他可以通过让资金在批发公司、贸易公司、进口公司、零售公司和荷兰基金会之间流动，从而名正言顺地在有商业活动的国家避税。

这里还体现出坎普拉德的另一个心理。他担心有人会把手伸向只属于他的东西，或者害怕人们知道，他组建这么复杂的公司结构的目的是防止外人拿走他的东西，更不想让人知道一切真相。对于周围每一个人的不信任，使他变成了一个独裁者，组建了一个只有他才能发号施令的司令部。

我们已经了解到，英瓦尔·坎普拉德以超强的能力，不用卷入具体工作就能管理好产品开发。一旦涉及宜家和坎普拉德王国的重要问题，英瓦尔就会站在决策的中心。比如，根据荷兰法律，他已超过了担任董事的年龄，但他虽然不再是英格卡控股公司的常任董事，却依然能够决定董事会的一切事务。因此，他身边的那些人只不过是他的代理人，或者不客气地说，是他的走狗。没有人能够站在英瓦尔之上，也没有人想过要反对他，只要他还想保住这个工作。一旦有人想反对他，马上就会被开除，就像宜家的重量级人物本特·拉尔森那样。因为拉尔森反对坎普拉德的儿子马赛厄斯担任宜家某国分公司的总经理，英瓦尔在首席执行官安德斯·代尔维格的协助下赶走了拉尔森。真是命运捉弄，因为多年来，拉尔森在工作上给安德斯提供了很多建议，与安德斯的关系也非常好，却落得如此的遭遇。

藏在复杂网络背后的神秘账户

宜家的公司结构虽然复杂，但大体的运作方式可以简述如下。

坎普拉德王国主要由互相依存的两大集团组成：英特宜家（简

称“英特”)和宜家集团(简称“宜家”)。我到目前为止都没怎么提到英特宜家,主要原因是在宜家集团的核心成员看来,英特集团实际上就是一个纯粹的金融机构,目的是让英瓦尔赚钱和避税。英特集团唯一的资产就是“宜家”这个品牌。宜家集团的门店使用“宜家”品牌,每年须向英特集团支付其总营业额的3%。这数字听起来不多,但是在过去的一个财年里,这一费用高达75亿瑞典克朗(约合69亿元人民币),反过来,英特集团只提供手册或其他不产生任何附加值的东西。

就像英格卡控股公司是宜家的母公司一样,英特集团也有自己的母公司,即英特宜家控股公司。这家公司注册地是卢森堡,它又属于位于荷属安的列斯(Neterhlands Antilles)的同名公司,而后者由位于库拉索(Curacao)的宜家信托公司拥有和管理。在加勒比地区,信托公司背后的主人可以匿名,实际上采用的是英国基金会模式。英特集团的利润就这样通过加勒比地区转入了不具名的神秘账户,而且宜家背后的基金会和其他信托公司也都干着同样的事情。

据报道,2004年两大集团共有119亿欧元资产。那一年,宜家集团支付给英特集团8亿欧元,大部分用于品牌授权。两大集团总共支付税收1900万欧元,占公司总利润5.53亿欧元的3.4%。

基金会和信托公司签署了一个契约,该契约是一份书面文件,明确规定了基金会的目标、规定,说明了总体要求和具体事项。契约条款是不受限制的,只要不违背法律。要害恰恰就藏在这里。英瓦尔和汉斯·斯卡林一定很快地认识到,作为宜家的创始人,英瓦尔既可以吃蛋糕,也可以拥有蛋糕。根据契约,只要坎普拉德能够随意任命或解雇这些基金会和信托公司的董事,他对自己的钱就有绝对的控制力。在外界看起来,这些基金会和信托公司好像是由一些律师管理,其实这些律师不过是宜家董事会成员那样的走狗,因为英瓦尔和斯卡林对基金会做了规定:英瓦尔对基金会的一切具有绝对权力。既然他控制了基金会及其董事会,那么他就控制了流入基金会的每一块钱。英瓦尔实际上控制得更好。他对于钱在库拉索中转后流向何处做出指示。这样,说不定这些钱就流入坎普拉德控制的某个账户里,而这个账户就在离他的别墅和税收员几步之遥的苏黎世某银行的账户里,谁都无法阻止。

通过这些基金会,如果把过去十到二十年的利润加起来,坎普拉德控制的资产总额约有上千亿瑞典克朗。如果按照每年增长率为10%的保守估计,其资产总额还要大得多。由于坎普拉德对他这张精心编织的网有着绝对的控制力,他就可以决定或控制每一块钱的去留,因此不管是在法律上还是道义上,所有这些钱都归他所有。

难以启齿的小九九

英瓦尔用于榨取宜家利润的基金会也采用同样的方式运作,从而为他建立了密不透风的阵地。这样,英瓦尔可以安心地对记者撒谎,说他和他的家人没有得到钱。《瑞典时报》(*Realtid.se*)和《经济学人》杂志都曾企图查出真相,但是却被基金会给慈善组织的捐款所迷惑,在这一复杂的系统中无功而返。基金会的确给慈善组织捐了钱,但是所捐的只是巨额资金中的极少部分。

我认为,英瓦尔不愿意承认事情真相的原因是,他害怕自己和宜家的形象破灭。如果坎普拉德突然承认他是全球最富有的人,他自己可以随意支配宜家15万员工和1400个供应商通过夜以继日的劳动所创造出来的巨额财富,那么他将无法面对所有这些员工和供应商。

顾客每在宜家消费1000克朗,就有30克朗首先通过英特宜家公司流入英瓦尔的口袋。按照营收10%的毛利润,还有100克朗也归他了。这130克朗中,有一部分会再投资到宜家集团。这样算下来,有大约100克朗会进入他和三个儿子的口袋。供应商们真应该扪心自问,为什么要以如此低的价格给他供货,让这位全球最富有的人和他的儿子们钱包塞得鼓鼓的。他们每一个人都已拥有数十亿资产了。

企业家有他的理想,把他的理想变成现实,从而赚取大量的钱财,这难道不是资本主义的基本理念吗?当然是。不过问题在于,他不承认赚这么多钱,而且说宜家只是让他的顾客赚了钱,说英瓦尔和宜家反对有限公司,反对弱肉强食的"丛林资本主义"(这是英瓦尔说的原话),说他们承担的社会责任是"要让每个人用可以承受的价格买到家具"。如果一个人要在三十年里,为了承担这样的责任而不得不给员工们低廉的工资,给供应商低廉的价格,那么他自己真应该过得像个苦行僧或叫花子。可是一方面他的银行账户藏着巨款,另一方面却四处撒谎,对公司的事情一概说假话,他的这种做法最后反而会让自己和公司蒙受更大伤害。

换句话说,坎普拉德在这个问题上冒着很大的风险。值得追问的其中一个问题是,他为什么要撒谎?另一个问题是,他要这么多钱做什么?他的财产总额,都达到甚至超过许多国家的国内生产总值了。

全球最富有的人

我有四个理由认为,英瓦尔是全球最富有的人(或者说,是全球最富有的人之一)。

其一,宜家这么多年的利润一定去了某个地方。当然,每年开二十到二十五家分店和买地,也要投入一笔钱,但也用不了几千亿克朗。

其二,英瓦尔为公司筑起高墙,总不是为了好玩,其中必有原因。他这么做就是想要控制每一分钱的流动,尽可能地少交税,不让人知道他的财富。要不然,要克扣员工工资,压低供应商的价格,也很难做到。而且,他不想让人触及他的资产,他要把资产留到生命的最后一刻,以便决定如何分配遗产。

其三,这些年来,当记者们一直穷追不舍地问他时,他完全可以轻松地回答说:“我没有控制宜家,也没有控制宜家的钱。是某某人领导的基金会干的。”但是英瓦尔从来没有这么回答过,他的反应总是掩饰不住的愤怒。

其四,我了解英瓦尔,他疑虑重重,对宜家日夜担忧,也绝不会毫无理由地放弃宜家的每一分钱。他毕其一生所做的事情就是控制一切。他是个独裁者,对什么独裁?显然就是宜家的财产。钱,这是他用一生创造的成果。

那他要用这些钱来做什么呢?他的生活过得跟一个叫花子差不多。对于大多数人来说,钱既能让人有安全感,又是社会身份的标志。我们选什么样的车、买什么样的衣服或去什么地方度假,都表明了我们的社会身份。让邻居们、同事们看到我们有钱,就达到了目的,说明我们比别人要过得有意义。但是对于英瓦尔而言,却不是这样。他拥有的钱越多,他就表现得越俭朴。1965 年,他穿的是定制斜条纹西装。现在,他穿的是可以在 Tesco 超市买到的朴素的裤子和衬衫。他不需要任何东西来表明他的社会身份。但是另一方面,他有一种强烈的愿望要扩大和保护不断增长的财富,但是只能以不为外人所知的方式。

我在宜家工作时，我和同事们都不关心这些，否则会被认为是对英瓦尔不敬。离开宜家后，我开始思考这些年在宜家的所见所闻，思考英瓦尔的实际作为以及他的动机。我不能百分之百地肯定我的说法是正确的，因为我需要提供坎普拉德王国里这些信托公司和基金会契约的有效复印件才能肯定，而它们都是极其机密的文件；不过，有一些情况让我确信，我的判断基本正确。当年的纳粹风波发生时，坎普拉德几天之内就摊了牌，公布了一切真相。他为什么要这样做？如果这次他没有隐藏什么，为什么不直接公开基金会的契约以及钱财流动的情况？甚至公布这些钱的控制者的名字？如果不是他，还能有谁？他当然不能公布，因为每一个文件上都写着一个名字——英瓦尔·坎普拉德。

无所不用其极，只为避税

宜家创始人的形象还有一个污点：避税。他多年来秉持的观点就是宜家应该尽其所能避税，因此他本人和宜家都只缴了少量的税。与我们大多数人不一样，英瓦尔不想多缴税，让它们用于全国人民的福利，究竟出于什么原因只有他自己才知道。可以说，医疗服务、学校教育、社会保障这些概念在坎普拉德的世界里都不存在。

这一原则也用在宜家集团的结构设计上。以荷兰基金会作为集团公司的幕后主人，目的就是逃过征税。荷兰法律尤其欢迎大量资金的流入，组成非营利性的基金会（stichtings），然后再把钱转入荷属安第斯的秘密信托公司，以便进一步转入一个无法被查到的地方。基本上，经过这个程序就可以避开税收了，因为资金数额不为人知，英瓦尔·坎普拉德也就不需要在瑞士缴纳过多的税。他对瑞士政府宣称，他在当地没有任何收入。

自然,宜家位于全球的附属公司要在当地缴税,但是这样的价值链设计可以确保每家公司都只缴少量的税。通过贸易公司和进口公司(如 HanIm)、批发公司和零售公司,货物将在公司内部交易,从而将税额最小化。慈善基金会也是这样,钱捐给了慈善组织,但是只捐了象征性的额度。当然你可以说,这是正常的,没有对别人造成伤害,只不过反映了一种斯莫兰省人特有的贪婪。这样一来,好像英瓦尔的形象会变得好一点。不过我要说,这是全球最富有的人所表现出来的一种尖酸刻薄,是任何一位普通纳税人都难以理解的极度贪婪。

危险的纸牌屋

本章开始的时候,我曾谈到里法特·萨义德在瑞典受到了不公正的严厉审判。谁会在乎一个博士学位?他创立的精明的商业模式,显然并不是非要戴着博士帽才能创立起来。与萨义德相反,英瓦尔撒谎纯粹就是因为贪婪。

从个人来讲,我为此感到难过,也对这个我曾经如此敬仰的人感到极度失望,他多次欺骗我和同事们。在宜家,员工们一开始就被要求承担很多责任,必须非常辛苦地工作才能得到薪水。宜家的员工以为自己在一家比任何上市公司更大更好的公司上班,宜家是最有社会责任感的公司,宜家讲诚信、知恩图报。英瓦尔欺骗了所有的员工和供应商,这真是不得了。做生意要讲诚信,如果公司不讲诚信,那么别人对它的信任就会像纸牌搭的房子一样,难免因为真相被抽出而轰然倒塌。

Chapter 3

益于人类，益于地球？

“不粘锅策略”背后的不可告人之秘

宜家现在是一家全球知名的优秀跨国公司，有社会良知，热心公益，就算有过失，英瓦尔也能及时纠正——这就是如今宜家在媒体上的形象，与我和两位同事在20世纪90年代拟定的完全一致：“宜家所做的一切都要经得起审查。”带着这个理念，每个人在作出决策时都知道底线在哪里。不需要看得太远，就看看自己或者自己身边，就知道底线所在了。

别以为公益都不是生意

瑞典国家电视台（SVT）为了制作一个叫做《圣诞老人的工厂——宜家后院》的电视节目，让摄制组走遍了全球，捕捉到了一些让宜家尴尬的画面，比如聘用童工在恶劣的环境下制作宜家产品，工人们不得不冒着生命危险干活。这时候，宜家像往常一样找借口，放烟雾弹，说这些不是童工，如果有孩子在工厂，也不是在干活。即便这些孩子干了活，也是厂家而不是宜家雇佣的。坎普拉德和英格卡控股公司里的亲信们私底下还说，给这些孩子一点苦活干，总比她们沦为妓女好。我和首席执行官安德斯·莫伯格曾想改变宜家的态度,因为这主要还是公司管理层的态度问题。1996年我为宜家聘请了一位环保经理,这是宜家的第一个环保经理,她在环保方面做出了非常了不起的成绩。她到各处去巡视,告诉亚洲的采购经理们:“宜家所做的事要经得起审查。”但是这些人充耳不闻,不予理睬。最后,这位脾气暴躁的环保经理直接把这些高薪聘请的不可救药的家伙赶出了宜家,从而开启了一个新的时代。

在这位环保经理的建议下,安德斯·代尔维格接任首席执行官后发布的第一个命令,就是关闭位于缅甸的采购办公室。他必须亲自下令,而不是要求手下的人去做,这是因为瑞典宜家时任总经理迈克尔·奥尔森和采购经理库尔多夫一开始都觉得跟缅甸做生意没有什么不对。当然他们的想法也对,也符合宜家的政策——不跟联合国所禁止的国家的做生意——缅甸当时并不在联合国禁止名单上。这个例子充分说明,宜家过去和现在在某些问题上还是有社会良知的。

这之后,宜家推动了几项议案。在苏珊娜·伯格斯特兰(Susanne Bergstrand)的领导下,环保部门充实了人员,启动了名为“宜家之路”的大型公益计划。采购部门的全体经理参加了社会和环保问题培训;招聘了监督员,对全球的工厂进行检查,有的检查会提前告知,有的检查则是突击性的;聘请了一些林务人员跟踪原木材料,避免从未开发的原始森林里砍伐木材。

玛丽安·巴尔纳原来是产品业务部经理,后来担任宜家资讯部经理,负责宜家的社会责任事务。在接下来的八九年时间里,她在童工问题上作出了巨大的贡献,促使英瓦尔投入数亿克朗与联合国儿童基金会合作。这样,宜家成了联合国儿童基金会最大的捐助人,至今还承担着该基金会在印度40%的投入。用这些钱,玛丽安与联合国儿童基金会合作建立了基金，为印度当地村庄重建学校和医疗设施，他们创立的这种具有可操作性的模式，既能让每一个家庭在经济上自给自足，又能确保孩子们接受足够的学校教育。

我在前面说过，慈善并不是英瓦尔的兴趣所在。但是面对媒体的批评，他总是善于应对。在 2007 年和 2008 年之间，由于有媒体一直说他是个吝啬鬼，他不得不大声为自己辩护。他发布了一则吸引人眼球的新闻，说宜家计划为印度儿童捐助 4.2 亿瑞典克朗（约合 3.9 亿元人民币）。一大帮记者点头表示欣赏，这样英瓦尔就破天荒地从一个众所周知的吝啬鬼变成了有目共睹的慈善家，媒体上的异议就此平息了。

实际上，这个联合国儿童基金会项目已运作多年，只不过没有人关注，没有通过这样的机会让媒体了解，而且在英瓦尔贪婪小气的名声广为传播前很久，这个捐助计划就已经定下来了，所以他这一次并没有追加什么钱。4.2 亿瑞典克朗的捐款其实是为期五年的预算，每年的捐助为 8400 万瑞典克朗（约合 7730 万元人民币）。把五年捐助额加在一起，总数自然就很大了，足以吸引记者和读者的眼球。换算一下，它相当于一个普通瑞典人每年捐助 77 瑞典克朗（约合 71 元人民币）。

当然，你会觉得这也是很大一笔钱，但是如果拿这笔钱与宜家集团每年 200 亿瑞典克朗（约合 184 亿元人民币）的利润或英瓦尔所拥有的财富相比，它是微不足道的。我们不要忘了，宜家从 20 世纪 60 年代开始就一直在销售印度产的手工地毯，从中赚了数十亿利润。

请绿色和平组织入彀

宜家启动环保项目之前的几年,英瓦尔曾经给我看过他写的备忘录,说全球的森林正在随着人口的爆炸性增长而受到破坏。

二十年后的今天,当我在写这本书的时候,我看到,他之前说的情况正在变成现实。英瓦尔一直很有远见,不过他的这篇备忘录不是出自大爱之心,而是要确保宜家在未来还能获得原木供应,同时也顺带做点好事,也就是说,他想与绿色和平组织挂上钩。这样也不错,但是,正当我要宣布与英格卡控股公司的多场会议和讨论所达成的共识时,却遭遇了董事会部分成员的质疑。英瓦尔在之前的几个场合表达了对这项计划的异议,并且向董事会成员们说明了他的想法,因此,他以一种巧妙的方式布好了接下来的局。H&M 公司负责人斯蒂芬·佩尔松(Stefan Persson)、实业家兼沃尔沃总裁哈肯·弗里辛格(Håkan Frisinger)当时都是董事会成员。尤其是沃尔沃总裁哈肯和伊安·艾克曼(Jan Ekman,时任瑞典商业银行行长)一起提出质疑,说不明白为什么要把钱投入到森林保护。宜家最后的决定是,减少 30%的投入。这一决定让绿色和平组织和合作伙伴都很失望。这一年,宜家集团的净利润是近 100 亿瑞典克朗(约合 92 亿元人民币),计划投入的钱不过是宜家当年净利润的 0.3%,而这笔钱用以保护的天然木材对于宜家而言十分重要,更不要说森林对于整个人类的重要性了。

恢复婆罗洲的雨林

在绿色和平组织计划启动和媒体危机开始威胁宜家集团的那几年里,英瓦尔还给了我另一项任务。在写了有关全球森林危机的备忘录后,他又让我去找瑞典于默奥林业大学博士伊安·法尔克(Jan Falck)。显然,英瓦尔早就与法尔克就森林问题通过信。英瓦尔想知道法尔克能不能给我介绍一个有意义的森林保护项目,找到一个值得给予经济支持的项目。

沙巴(Sabah)是马来西亚的一个省,位于婆罗洲(Borneo)最北端。20世纪80年代初,这里的森林被砍伐一空,如今在婆罗洲只剩下几片浓密的丛林。伊安·法尔克计划与一家国有林业公司的科学家一道恢复这片被砍伐的热带雨林,而这家林业公司就是曾经砍伐过沙巴森林的那家公司。与他们合作,可以说有点像与魔鬼同床共枕。至少绿色和平组织在听我说了该计划后是这么跟我说的。我与伊安·法尔克在阿姆斯特丹一家烟雾缭绕的啤酒吧里碰面,但是绿色和平组织的克里斯多夫·蒂斯却叫上了他的十几个同事。我当时把要与林业公司合作一事照实说了——实话实说一直是我的人生格言。跟来的好些森林保护主义分子一听,气得快要跳上天花板,在该组织的务实派的劝告下,他们才平息了下来。

法尔克的计划并不是要砍伐雨林,而是要重新恢复雨林。这主意听起来难度不小,因为热带雨林与瑞典的云杉林可不一样。全球的松林主要分布于北半球,其中包括瑞典云杉和松树,与婆罗洲的热带丛林相比较,品种没有那么丰富。只要伐木工业不去进一步破坏,瑞典的森林就能保留下不少种类的树木;但是婆罗洲的热带雨林有上百种或甚至上千种树木,没有人知道准确数字,其他的植物和动物种类也同样丰富。

还有一个很大的不同之处。瑞典森林每两三百年就会经历一次所谓的“大火”,所有的植物和动物都有所准备。大火产生的灰烬里,会再次长出勃勃生机的植物,动物们也会很快回到森林里来。

但是在热带雨林,每次火灾都不是自然发生的,一般都是人为引起的。这就意味着,丛林里的植物和动物对于人类的干预极其敏感。森林里的主要树种,会把种子掉落在周围七八十米范围内生根发芽。而且,这些树要隔很久才开花,砍光了的地方等上千年时间也难以恢复,只有一种叫做血桐的灌木林生长比较快。

尽管如此,英瓦尔还是决定支持伊安的计划。我记得这项计划为期十年,宜家要支付的总额大约与支付给"全球森林观察"的钱差不多。法尔克和这家林业公司挑了一块人迹罕至的土地,面积共有1.4万公顷。宜家租了这片地,租期很长,以免森林经过几代人之后又再次被砍伐。在这里修了几座简易的温室,用做苗圃,还雇佣了当地的一些工人,一边收集周围森林里的树种,一边种植他们培育出来的幼苗。在雨林里重新栽树,不像在瑞典那么容易。在瑞典森林里,只要把云杉一排排种回去就可以了。而在热带雨林,需要研究如何栽种,使树长大后看起来就像自然生长起来的一样。最后一共栽种了上百种树,还栽上了许多种水果树,以便为动物提供食物。

十五年后再回过头来看,这项计划总体上还是值得称道的。我说"总体"上,是因为整个过程很艰难。开始的时候,要从宜家全球各门店的顾客那里募集资金。顾客每捐一克朗,宜家也出一克朗。我们打着"播下一颗种子"的口号,在瑞典首先做了尝试,但是失败了,分店的同事和顾客似乎都对此毫无兴趣。

就在与沙巴的林业公司签了这份协议之后一年,马来西亚政府又签了一份协议,要砍掉沙巴地区保存完好的大片雨林,用于造纸。马来西亚政府还想把宜家租用的这块地另行出租,而把岛上的另一块地置换给宜家。对此宜家内部有不同意见。有人主张停止该计划,以避免媒体的关注,这是以往宜家对媒体的害怕心理在作祟,觉得“要是报纸掺合进来,就麻烦了”。也有人主张继续该项目,用宜家人的话说叫“坚持下去”,在一片荒芜之地中建一座希望小岛,英格卡控股公司的主席汉斯-戈兰·斯腾纳特带头支持。宜家最后的决定是继续该项目,待出现情况时再伺机灵活应对媒体。

如今,宜家这片1.4万公顷的土地经过艰辛的劳动和大量的研究,成了世界上第一块被砍伐一空后成功恢复的热带雨林。宜家做出了更多的承诺,继续致力于热带雨林的恢复工作。宜家内部现在把这个项目看成是很大的成功,该项目也得到了环保人士的高度赞扬。

宜家做的另一个承诺是保护马廖盆地(Maliau Basin)的一座死火山,这里巨大的火山口形成了一片独特的高地雨林。我和我妻子以及法尔克一道,在20世纪90年代末利用参加协议签字仪式之机参观了这个火山口。据林业公司的代表说,我们是最早来这里参观的欧洲人。直升机把我们送到了雨林中间的一座小屋旁边,这里风景如画,物种丰富,令人陶醉。第二天,直升机又把我们接走,一直朝西,飞往沙巴首府亚庇(Kota Kinabalu)。一走出那片绿意葱茏的树林,我们就看到了一片可怕的灰色荒地。在长达两个小时的飞行中,我们看见一片被烧焦的土地,地上全是灰烬,没有任何生命,举目四望,连一个树桩都没有,只有暗淡的烟灰。几年前,覆盖在这片广袤土地上的热带雨林物种丰富、充满生机,而今却荡然无存。血桐灌木能帮助恢复这片土地,只需要几周时间,但和热带雨林不同的是,它极易自燃。当飞机飞过这片月牙形土地时,一位年长的瑞典林业员伤心得哭了,这一情景我永生难忘。

用“不粘锅策略”掩盖丑闻

《新闻周刊》最近对宜家做了报道，披露了宜家与绿色和平组织的合作及相关问题。宜家也被形容为“特氟龙宜家”，它就像特氟龙不粘锅一样，不会沾上负面新闻。这似乎是一个在社会道义和环境保护方面不遗余力地做好事的公司，即使媒体挖掘出了一些问题，也不好过于责难。就像食物不会粘上特氟龙锅一样，批评也不会沾上宜家。

这也隐晦地说明，宜家用“特氟龙”做挡箭牌，掩盖了一些破坏性活动，并宣称这些破坏性活动是商业上难免的。对环保项目的投资，与环保组织扯上关系，都是为了有意识地掩盖这些活动的真相。

那么问题是，宜家是如何做到的呢？一般公司的做法是在公司内部告知员工要注意社会和环境问题，绝对不要惹麻烦。宜家的做法是与几个所谓的非政府组织合作。非政府组织与政府无关，但是否与商业利益无关就是另一回事。宜家给联合国儿童基金会、世界自然基金会等组织捐过款，与绿色和平组织的合作更为理想，另外还资助了一些千奇百怪的项目，比如与“全球森林观察”的合作。以与世界自然基金会的合作为例，基金会的工作人员理论上完全可以说是从宜家领工资，它与宜家之间的财政关系非常紧密，可以说是与宜家命运相连。我的意思是说，当有环境污染问题被暴露出来后，这些组织因此不会对宜家展开严肃的批判。

宜家的不粘锅策略是精心策划的，虽然也备受诟病。宜家的具体做法是，与一些知名的非政府组织建立联系，进行一些貌似紧密的合作，不断地用钱诱惑他们，而他们给宜家的回报则是在宜家被曝光并处于尴尬境地时，提供支持。下面有一个很好的例子。任务调查组织（Assignment Scrutiny）不久前披露了瑞典一家名为斯道拉恩索的造纸厂砍伐了卡累利阿地区的一片保存完好的天然林地，斯道拉恩索是北欧最大的环境破坏分子。宜家虽然也在该地区砍伐树木，却又一次被描写成了好人，这是怎么回事呢？宜家，或者准确地说，宜家集团的工业公司 Swedwood 建立工厂和开始伐木之前，就已经与绿色和平组织对该地区做过调查。因此，工业公司和环保人员齐心协力想了一个办法，既能满足林业的商业化需求，又能保护好环境。

这一切听起来都很美妙，但也有缺陷。在卡累利阿案例中，为了砍伐木材，宜家与绿色和平组织以及媒体建立了联系，这可以说是强化了“特氟龙”之盾。随后我就会讲述，宜家同时也在地球上另一个远离媒体监督和环保组织关注的地方，肆无忌惮地砍伐木材。这可以从两个方面来看，宜家的战略就是，用钱把环保组织与自己紧紧地捆在一起，让他们忠于宜家。换句话说，正如在世界自然基金会的案例里一样，宜家用钱绑架了这些组织。“特氟龙”只不过是更换说法的托词而已。只要发生了任何不愉快的事情，这些组织就会施以援手。我多次说过，宜家和英瓦尔在这方面的兴趣不过是遮掩背后真相的幌子，而“特氟龙”就是这样的一个幌子。为了让这个幌子发挥更好的作用，宜家又资助了好几个其他不知名的项目。

与前面提到的印度项目一样，宜家与世界自然基金会一起资助了印度的一个有关棉花栽培的经济开发项目。棉花栽培需要灌溉大量的水，是很脏的活。在干旱地区种植棉花，只要灌溉充足、施足够的肥料、杀好虫，棉花就会长得很好，但是这样对周围环境破坏很大，会夺走人们的重要资源。而宜家的这个项目却为农民找到了简单而又实用的水资源管理办法，还能保证他们的棉花获得高产。

宜家有资源,也愿意开展环保项目,这当然是一件好事。但是公司一开始就有自己的打算,就像宜家有丑行被揭露时,非政府组织不得不站出来提供幌子一样,宜家可以靠着这些值得称道的计划告诉人们,他们多么有正义感。正是出于这样的原因,宜家从来都不鼓吹或宣传自己资助了环保或社会服务项目,而是把它们留到关键时刻用。说了这么多,宜家在这个问题上所采取的内部策略就是“宜家自己绝不主动对外界谈论环保或慈善捐款”。

责任推给中国人,然后继续黑心

我想指出的是,在我看来宜家并没有蓄意破坏环境,很多时候他们只是像鸵鸟一样把头埋进沙里,对于自己行为造成的后果视而不见。宜家在全球有许多专家资源,但却没有善用。他们一面要思考如何处理糟糕的后果,一面只顾一心向前发展。他们的思考时间长达十年或更久,而破坏环境的罪行还在继续。很多时候,宜家的做法算不上是违反法律的罪行,而是破坏我们周围环境的不道德行为。但这同样不光彩。

直到离开宜家之后,我才明白这些问题。在工作中,你不会不信任同事。作为宜家的一员,你为公司的环保行动感到骄傲。我非常熟悉瑞典宜家里里外外的产品线部门、采购部门和后勤部门,不管是在商业方面还是在环保方面。我担任产品事务经理时,和同事们一起跟远在中国北方、东欧和俄罗斯的伙伴做过生意,对于如何处理在当地碰到的问题,以及他们本地人能够或者应该采取什么办法,我都很了解。而且,我还执行过其他一些从环保的角度来讲比较敏感的商业项目,比如沙发和纺织品。

有一个炒得很热的环保丑闻,说宜家从活鸟身上拔毛(这本身并没犯法,但在道德上实在说不过去)。在这个问题上,宜家无论如何都撒了谎。宜家纺织品部门的员工和采购员都说,不知道宜家羽绒枕头和羽绒被子里的羽毛是从哪里来的,这就歪曲了事实。他们明摆着知道,这些羽毛是用血淋淋的方法从活鸟身上拔下来的。我来告诉你这是怎么回事。羽绒枕头1%的材料是一层薄薄的套子,99%都是羽毛。套子并不能抬高价格,因为棉花比羽毛便宜很多,是羽毛抬高了枕头的价格,正是这种原材料成为这笔生意的核心。在与供应商以及次级供应商的价格谈判中,主要讨论的是羽毛的价格与质量。跟其他任何原材料一样,羽毛也各有不同的质量。在鹅毛中,最便宜的是从活鹅身上拔下来的毛,因为这些可怜的鹅在被屠宰前可以拔好几次毛。这就意味着,宜家为了得到低价,总是买(或者说以前买了)从活鹅身上拔下来的毛。就算宜家不能确切地知道羽毛从哪里来(他们推卸责任说,外国供应商有上千个次级供应商),他们也不能装无辜。在20世纪90年代,当瑞典国家电视台和其他媒体多次发现宜家聘用童工时,宜家总是把责任推给次级供应商,说次级供应商太多,宜家无法控制它们的行为。事实上,像宜家这样拥有大量资源的公司,可以选择任何类型和任何地方的供应商,比如只选择可控制的、符合道德规范的次级供应商。而宜家之所以选择具有上千个次级供应商的外国羽绒工厂供货,主要考量的就是低价。采购部门也深知,一定能找到替罪羊。事实上,宜家不仅很清楚自己买进了什么,而且每年都至少要去摧残动物的供应商那里巡视一次。对于一个宣称对整个价值链和价格影响因素有严格控制的企业而言,这些生产方式可以说违背了规则。宜家定点生产羽绒枕头和羽绒被子至少已有三十年,他们居然说什么都不知道,这么站不住脚的借口,谁会相信?

玛丽安·巴尔纳作为宜家的资讯部经理,在瑞典国家电视台调查宜家之后受命与媒体接洽,但她并不掌握全部真相。甚至首席执行官安德斯·代尔维格也未必清楚,对于瑞典宜家总部发生的一切他知道得太少了。但产品业务部员工肯定清楚,采购部也清楚。有不下一百名员工知道一切真相。但他们都选择了撒谎,至少是不说出真相,或者不说出全部真相。

当这种丑事被揭露出来,宜家并没有采取一种更为显而易见的办法,比如像有的公司那样召回或者退回羽绒产品。不,宜家照样以全价继续销售。

一去不返的莽莽丛林

宜家并不是一家流氓公司,实际上它也的确做了大量环保和社会服务方面的好事。可是另一方面,它也购买或者销售大量天然木材,虽然不是犯罪,却很不道德。罪魁祸首是砍伐、运送林木的那些人,其次是加工和销售木材的人,但整个价值链上的人统统都有责任。在砍伐天然木材问题上,宜家表现得不老实,又撒了谎。

公众对于非法砍伐树木的印象是,只有品行不端的人才参与这项破坏性的活动。现在的环境已经被破坏得令人触目惊心。再过一代人,全世界就不会再有天然林存在,也就是说,没有被人类破坏或非法砍伐的树林将不复存在了。与森林一起消失的还有林中的植物和动物,以及这些森林将二氧化碳转变为氧气的功能。某一天,我们的子孙后代只能盯着我们的眼睛说:“你们当时为什么非得要那么干呢?”

其实真的没有必要大规模、无节制地砍伐森林。在热带地区,许多可用做木料和燃料的可栽培树种,需要十到二十年的时间才能长成大树。但在瑞典，森林的生长速度则远高于砍伐速度。导致森林被破坏的原因是人类的贪婪，因为非法的木料要比瑞典木料便宜得多。

如果我们转身看看中国大陆的大部分地区，就会发现，中国人已经破坏了自己的大量森林资源，并且很少考虑环境。因为没有森林来保持河谷地区的大量水土，发生了很多滑坡和其他自然灾害，给人类社会和自然生态造成了很大的破坏。中国的森林砍伐权曾归当地政府、公司或者二者共有。在早些年发生了人为造成的灾害后，中国已制定了严格的法律规定。一方面，在重要地区大规模重新植树；另一方面，规定砍伐森林的速度不能快于森林的生长速度。同时，中国的木材应该首先归中国人自己使用，不能提供给像宜家这样的跨国公司，因为后者对便宜木材有着难以抑制的欲望。

2002 年我担任产品业务部经理时还不完全是这样。我们与中国北方哈尔滨附近的好几家公司以及地方政府合作，我们只购买刚砍下来的白桦树树干上的树枝（以前这些树枝是弃之不用的），锯成小块，然后粘在一起，做成漂亮的桌面，它们颜色灰白耀眼而且是树枝的图案。这种可坐 10 个人的 NORDEN 大桌子每张卖 1995 瑞典克朗（约合 1800 元人民币），由于中国的桦树很便宜，每张桌子都有可观的净利润。

宜家有专门的林务员，每到夏季就骑着车到伐木区，告诉伐木员我们要什么样的木材。这些地方只有骑车才去得了，因为距离很远，而且没有路。到了冬天，按照订单预订的木材被砍下来，然后运到锯木厂，锯好后再送到结冰的河床上。

现在情况已经不同了。中国的廉价木材已严重短缺，按理说宜家的采购团队应该从中国撤出，反正也没有什么便宜木材可买。但是他们没有这么做,因为斯塔克领导的采购团队只靠俄罗斯的木材供应量根本不够用。俄罗斯及其邻国是除中国以外唯一能够为宜家提供便宜天然木材的地方。但是宜家觉得,俄罗斯是不稳定的供应商,投入上百万克朗,却只带来很小的回报。这些年来,通过努力,在那里效果还是甚微,这在宜家内部已成为公认的事实。在俄罗斯赚不了钱,只有损失。

所以,宜家决定继续在中国采购木材,宜家当然不愿意提及这件事,至少是不愿意公开提及。中国生意人虽然很精明,但商业道德却不那么强。他们越过西伯利亚边境,在急需保护的天然林里伐木。宜家正是这些非法木材的大买家。宜家一位高级伐木员前段时间说,从中国买来的木料中,只有20%到30%可以追查到来源。企业有责任了解所用木料的来源,如果有一到两成的木料查不到来源,就很严重了。宜家从中国买的80%到90%的木料要么是从中国仅存的天然林区非法砍伐而来,要么就是从西伯利亚的天然林砍伐来的。这是我从宜家林务员那里听说的。

宜家完全有办法追踪到中国木料的来源,只不过要花不少钱,也就是说,购买合法又道德的木材要贵很多。为此,宜家需要聘请大量的林务员,或者聘请独立的林业顾问,还需要选择离原产地很近的供应商,以便到伐木地现场监控。在中国,木材并非直接购买,一切都要通过一长串的中间人。一般而言,家具供应商从次级供应商那里买木材,而次级供应商从中间商那里购买,以此类推。如果宜家被记者调查组发现了问题,他们就会说:“我们的家具供应商有那么多次级木材供应商,我们很难控制每一块木材的来源。”换句话说,他们用跟鹅绒丑闻和十年前印度童工事件一样的方式来应付。

考虑到中国的法律监管已越来越严,这些人就发现西伯利亚是个好地方,破坏了环境也不用担心。根据合理推算,大量的或者说几乎所有的中国木材实际上都是从俄罗斯的泰加林地带非法搞来的。在宜家总额 750 亿瑞典克朗(约合 690 亿元人民币)的采购份额中,中国占 25%,其中 60%是各种类型的木材。也就是说,宜家从西伯利亚非法购买的木材价值约 150 亿瑞典克朗(约合 138 亿元人民币)。转换为树木来看,宜家购买了天然林中的近 500 万棵树。这样,宜家就成了“全球最大的原始森林批发商”,而这一说法原本是十年前美国环境运动“赠送”给美国家得宝公司的。这场运动迫使美国这家首屈一指的家具超市很快大幅修正了它的环保政策。

从这一点来看,宜家的不粘锅策略起了明显的作用。由于宜家与世界自然基金会关系紧密,既有合作也有金钱往来,该机构就不敢批评宜家。绿色和平组织也是这样,虽然它更为独立一点,不过多年来也受助于宜家集团。从某种程度上讲,绿色和平组织为自己挖了一个大坑。十多年前,我启动了宜家与绿色和平组织的合作,经过这些年,该合作已进一步加深。绿色和平组织多年来一直把保护森林和应对气候变化作为重要议题,它一定知道或者至少怀疑,他们最大的合作伙伴宜家在中国和西伯利亚卷入了严重的环境罪行。但是绿色和平组织和宜家却三缄其口,把罪行推给中国成了双方最有效的自救策略。绿色和平组织或许在财政上没有什么错,因为它并没有直接接受宜家的资助,但是道德上却难逃干系。至于联合国儿童基金会和世界自然基金会则是干脆直接拿宜家的钱。

正是因为有了这种被收买和封口的非政府组织以及其他一些同样被收买的慈善机构作为盾牌,宜家才可以轻松应对媒体调查风暴。对于公司的管理而言,在蓝黄色大楼里面每天真正发生的事情并不重要,重要的是公司拥有良好的对外形象。直到几年前,宜家还禁止对外发布《家居指南》。英瓦尔担心有人会根据《家居指南》来换算被砍伐的树木数量和被毁坏的森林面积。换句话说,宜家比起英瓦尔所说的那些"森林资本主义者"也好不到哪儿去。宜家甚至还要更糟糕,因为很少有哪个跨国公司需要那么大量的木材,而且需求量还在不断增加。

假装关注气候变化,实则不屑一顾

气候变化问题是我们这一代人面临的重大挑战,在此之前它从未受到过如此高的关注。即便以前那些傲慢地拒绝讨论环境问题的人,如政府首脑、公司经理等,现在也不得不改变立场。但是时间紧迫,人类必须大量减少碳排放总量,气候才不至于进一步恶化。环境工程被人们寄予了前所未有的期望。全世界各国领袖依然认为,我们可以开车、坐飞机,继续污染环境,而且一切都可以通过新能源技术来改善。要是任何技术部门说能够在二十年内解决一小部分问题,那他肯定撒了本世纪最大的谎。实际上,只有消费方式发生重大改变,才能解决气候问题。显然,环境工程技术能起一定的作用,但前提是,要从每个人做起。你和我都得认识到,要想找到解决问题的办法,我们就不能每天开车去上班,或者老是坐着飞机去泰国度假。

不幸的是,宜家与环境问题脱不了干系。与其他大型集团公司相比,宜家的碳排放高得出奇。许多外界的人可能会认为,把原材料或产品从偏远地区运送到宜家在欧洲和北美的分店,还有顾客开车到店里来买东西,这些交通工具是罪魁祸首。实际上,宜家一半以上的碳排放来自于塑料、金属、玻璃和其他高能耗材料的生产。解决办法就是,要么换材料,要么降低生产过程中的能耗。交通工具所产生的碳排放在宜家总排放中仅占6%—7%,而卖场的直接污染则更少。

为了减少碳排放,宜家集团开启了一个新的项目,他们对太阳能电池板做了测试,计划在大部分店铺的屋顶装上风轮机。这里有一个小问题,风轮机工作时要求平均风速达到9米/秒。我敢说,没有哪个宜家分店的屋顶有这么大的风速。不过项目本身起到了正面的宣传作用。在宜家,这样的操作被称做"假鼻子",意思就是说,做了一个没有真正起作用的、不算决定的决定,而不是去真正解决大规模碳排放问题。再比如,在店里摆上新的低能耗聚光灯,却不想办法代替产品生产中使用的塑料;计划在停车场安装供电磁汽车使用的电子插座,却没有去寻找代替金属的材料。

这些不解决问题的做秀成了掩盖真相的幌子。真实情况是,宜家董事会还没有认真考虑如何解决大规模碳排放问题,没有一个日程表,也没有可信的战略。宜家内部也曾尝试解决巨大的碳排放问题,但是宜家的首席环保经理(但并不是最高级经理)都辞职离开了,原因是采购经理克兰·斯塔克和其他顽固派反对采取有效的环保措施。英瓦尔不仅反对,而且还与其他人一起制定抵制环保政策的策略。总体来说,英瓦尔根本不把环保问题,尤其是气候变化问题当回事。他认为,宜家每采取一项降低碳排放的措施,比如替换所有的塑料材料、引进新的生产技术,都会增加产品的价格。对他而言,宜家产品价格比一切环保问题都重要。在英格卡控股公司董事会,他对每一个要求控制宜家碳排放的意见都表示了反对。

英瓦尔的逻辑恐怕就是,没有人能钻进宜家,看到宜家对于环境的所作所为。所以就用风轮机和太阳能电池板来转移公众的注意力,让宜家的污染问题逃避审查。与其他跨国企业一样,宜家拒绝计算自己的碳排放量,更不愿意将它公布于众,媒体自然也就无从知道。似乎没人知道的事情,就不会对你有任何伤害。这是令人憎恨而且相当危险的策略,因为如果不采取改进措施,而是继续砍伐原材料,那么宜家的碳排放会随着公司的发展以每年20%的速度进一步增加。换句话说,最多再过四年,宜家的温室气体排放量就将翻倍,而几乎其他所有的大公司都已在竭尽全力减少碳排放。

宜家还有一位很糟糕的环保经理,他叫托马斯·贝里马克(Thomas Bergmark),任职多年,对于环保运动和环保记者总是置之不理,而非好好按照职责要求做一些有必要的改变。我承认,宜家作为一家优秀环保型公司的形象,都是贝里马克一手打造的,但那是在英瓦尔的授权之下。有一次,贝里马克不小心透露说宜家要降低25%的碳排放,就差点被发怒的彼得·坎普拉德辞掉,当时的情景可真不妙。

如果拿宜家这个不解决问题的气候策略跟多年来一直努力寻求成为全球最大公司的通用电气(General Electric)相比,两者高下可见一斑。通用电气目前已是一家上市公司,旗下子公司如NBC电视台、核电站和航空公司横跨多个领域。像通用电气这样纵横多个领域还能保持较高的盈利能力和持续向前的发展趋势的大型集团公司并不多见。通用电气集团公司的经理们不仅被认为是顶尖的职业经理,而且还被看成是商界传奇人物,比如通用的前任首席执行官杰克·威尔士(Jack Welch)。

这就难怪杰克·威尔士的继任者、首席执行官杰夫·伊梅尔特(Jeff Immelt)几年前会在通用电气提出那么强硬的气候政策。伊梅尔特受到了很多谴责,包括股东和公司内部人员的谴责,但是他还是坚决地沿着自认为正确的道路前进。他把他的计划称做"生态创想”(Ecomagination),该计划很快取得了成功,这体现出该公司在管理结构和企业文化方面的严明纪律。通用电气首先提出了有效的碳排放量测算办法,然后对公司电气工业生产中产生的碳排放问题进行诊断,找出问题。在此基础上,制定出可以阻止碳排放量增加的策略。杰夫·伊梅尔特任命他的亲信指导这项具有挑战性的任务。在三四年时间里,通用电气全身心投入、认真努力,终于将碳排放量降低了30%。与此同时,他们的利润不仅得到了保障,而且还有所增加。相比之下,宜家和坎普拉德对宜家大量的碳排放熟视无睹,认为降低排放量就会提高商品价格,降低宜家的利润。他们这样做,既不负责任,又有损公司的道德形象。

纵然金玉其外

宜家的策略就是,用华丽外表做幌子,找借口蒙混过关,把责任推给次级供应商。如果华丽外表上有了一丝裂痕,慈善事业就会被拿出来大肆宣扬,粗心的次级供应商则会受到谴责。“你看我们做得多好”,宜家会一边宣传自己,一边把人们的注意力从羽绒工厂转移到印度的儿童慈善事业或者其他事情上去。如前所述,媒体开始时并没有注意到宜家在婆罗洲或是印度的项目,因为这些王牌要到关键时刻才拿来使用。由于出其不意,其效果自然很好,媒体的注意力一下子被转移了,以为宜家一直都是好好先生,整体上做了很多好事,只不过偶尔犯个错。

很快,世界自然基金会等一些与宜家关系密切的组织也会赶紧跑来救援,因为他们害怕来自宜家的财路被断掉。这些组织会说:“宜家当然是有点不对,不过以全世界来看,有谁不会做错一次,而有哪家公司像宜家这样做善事的?”

媒体由于成天都在寻找新闻,并不明白这些复杂的问题,因此一下子就上了钩,因为他们心里也巴不得宜家没什么问题。你瞧,宜家这个破坏环境的恶棍,一瞬间就变成了媒体眼中的好好先生。这是怎么回事呢?

首先,最重要的一点是宜家通过多年的艰辛努力,创立了良好的公司形象,使宜家成为一个强劲的品牌。由于宜家取得了巨大成功,英瓦尔本人和他一生追求的事业已经成为瑞典的国宝。谁也不敢也不愿意抹黑宜家及其创始人。宜家和英瓦尔在记者、公众和整个宜家集团员工的心目中一直保持着完美无缺的形象,这也是为什么这些员工愿意拿着低工资在宜家继续干下去。

在过去几年里,媒体一直说英瓦尔·坎普拉德贪财,他总是反驳说:“我和我家人没有从宜家得到一分钱。”而且说他并不是全球最有钱的人,这些说法越听越虚伪。人们都期望一些成功的企业和富豪为慈善事业捐款,否则就会认为他们吝啬或抠门。比尔·盖茨(Bill Gates)夫妇把他们巨额财产的大部分都捐给了第三世界的慈善事业。金融巨鳄沃伦·巴菲特(Warren Buffet)也是这样。但要坎普拉德放弃财产简直就是要他的命。他跟巴菲特和盖茨的不同就在于,后者认识到钱本身并没有什么内在价值,如果钱能够为需要它的人提供帮助,他们一定要尽力提供帮助。坎普拉德藏起来的钱,粗略估算至少有 2500 亿瑞典克朗(约合 2300 亿元人民币),他认为这些钱代表了自己的内在价值和生命意义。

我曾经负责瑞典隆德技术大学(Lund Technical University)英瓦尔·坎普拉德设计学院(Ingvar Kamprad School of Design)的一个项目。这个项目与联合国教科文组织在印度的项目一样,虽然从十到二十年的周期来看,总资助金额是很高,但是每年的资助额度就不那么起眼了。英瓦尔说,那是瑞典历史上最大的一笔教育捐款。如今,我对这个说法深表怀疑。如果捐助者一次性支付所有捐款,那么受助者可以从利息中获益,即便每年增长较少的几个百分点,这笔钱每五至七年也会翻倍。但是英瓦尔似乎更愿意长时间一点一点地支付,这样,他还可以从剩余资金中获取利息收入。

我在英瓦尔身边工作的那段时间里,在慈善捐款问题上,英瓦尔总是在不情愿和憎恨之间反复摇摆。一直到 20 世纪 80 年代中期为止,他和公司也都只是象征性地给贝塔·坎普拉德癌症基金会(Cancer Foundation of Betra Kamprad)捐了几百万瑞典克朗。与"全球森林观察"和绿色和平组织的合作,以及热带雨林项目是宜家首次参加慈善项目。从此以后,又开展了隆德技术大学艺术培训、联合国教科文组织等其他几个项目。

所有这些项目的捐款额度都不大。坎普拉德和他的同事们不愿意捐太多,他们认为慈善机构都管不好钱。还有什么比这更傲慢的?你还不如老老实实地承认,自己太过吝啬贪婪,不想多提供一点帮助。世界上还有很多人生活在极度贫穷之中,有严重的疾病,甚至没有饭吃。其中儿童的境况最差。全球各大洲、大洋的自然环境濒临破坏,我们现在认为理所当然的东西,子孙后代恐怕就无法享受了。所有这些阴暗面中,唯一的一线希望就是所有的非政府组织和联合国机构,它们在经费如此缺乏的情况下,破除万难做了很多事情。说医生无国界组织、绿色和平组织和红十字会这些慈善机构无法管理好宜家捐助的大笔的钱,那真是荒谬至极,何况这话还出自自我标榜为最有爱心的公司之口。

Chapter 4

谁将接手宜家？

家居帝国的未来

20世纪90年代末的一个夏日，召开了一次英格卡控股公司董事会会议，会上主要讨论进入俄罗斯的计划。这一切始于莫伯格给我的一个任务，他叫我考察一下宜家是否应该进入俄罗斯市场。显然英瓦尔已经委婉地跟莫伯格提出了这个问题，莫伯格觉得是个好主意，于是就派我去俄罗斯考察。我去了几趟，参观了在那里的宜家邮购公司，与瑞典驻莫斯科大使馆的官员见了面，然后就写成了一个备忘录，列出了进入俄罗斯的风险和机遇。在俄罗斯，宜家的锯木厂几年前曾被黑手党洗劫一空。

有必要指出，当时俄罗斯的“公开性”(Glasnost)①政策还成效未彰，人们的穿着、当地的建筑和基础设施等都还十分简陋，一切都是东欧的样子。在这里，黑手党和寡头政治家追求姑娘的方法就是，在大莫斯科地区所有的大型公告栏里贴上姑娘的照片，旁边写上“我爱你”，贴满好几千个公告栏，一贴就是两周。这样做的一个重要原因是当时俄罗斯首都局势混乱，出于安全考虑，人们不能四处随意走动。

---

① Glasnost指苏联在20世纪80年代后期开始推行的开放政策。

我把整理好的备忘录交给集团高管们看。除了安德斯·莫伯格以外,其余的人都反对进入俄罗斯,他们认为那样做风险很高,极有可能血本无归。不过大家最后都作出了让步,说:“如果安德斯你认为要进入俄罗斯,我们就都支持你。”

到了这年夏天,在阿姆霍特郊外一座小屋里,我把这份备忘录呈现给英格卡控股公司。这是一项涉及几十亿瑞典克朗的决策。屋子的窗户虽然开着,但是照进来的阳光使整个屋子的空气热得令人难受。我在向大家介绍备忘录内容的时候,两位年龄大一点的董事和英瓦尔的三个儿子都睡着了。我在这边认真仔细地分析进入俄罗斯的利弊,他们却在那边打着呼噜。在这个过程中,有两位清醒的董事提出了反对意见,不过理由不太有说服力,接着英瓦尔问了几个问题,然后就要表决了。这时,年老的、年轻的董事都醒了,每个人都微微点头表示同意。涉及数十亿瑞典克朗的进入俄罗斯的计划就这样被决定了,大权独揽的英瓦尔心满意足。

这个商业家族也很快要面临首次改朝换代了。公司的创始人和传奇人物迟早会交出他的指挥棒,不管他愿意还是不愿意。家里是否有人能够穿得了他那双巨大的鞋子呢?这位老独裁者会把三个儿子中的哪一个推上自己的宝座呢?缺少了英瓦尔掌控的宜家,明天会是什么样子呢?

英瓦尔在很多场合说过,三个儿子都不会担任首席执行官,但是三个儿子都将通过不同的方式参与公司运营。英瓦尔说这不是问题,但在我看来,这事实上是很有问题的。

在几年时间里经历了三场风波的上百位高层经理们,在私下悄悄讨论时都非常忧心宜家的未来。我认识彼得、乔纳斯和马赛厄斯有十五年了,一开始距离较远,后来我做总经理时,他们是我的顶头上司和董事会成员。英瓦尔·坎普拉德现在已经八十三岁了,随时可能两脚一蹬,永远地离开他为之奋斗终生的宜家。接下来会怎么样,大家都拭目以待。

不过,家产如何划分,倒是不难预测。媒体已经透露了一些,其余的在宜家内部也逐渐传开。原则上,所有资产,包括宜家集团和英特宜家都将由三个儿子平分。英瓦尔的妻子玛格丽特会得到哪一部分尚不清楚。完全独立于宜家之外的IKANO集团多年前已经交给三个儿子。另外,还有一些由基金会控制的隐性资产,也就是那些通过隐秘渠道洗出去的2500亿瑞典克朗,只要稍微有一点划分不均,就将造成三个儿子之间不必要的冲突。这里的风险更加复杂,因为整个公司是这样架构的,英特宜家控制集团的资金,保持权力平衡,并负责各地店铺的外观、内部装饰,与宜家集团形成一个对立的极。否则,一个不受控制的宜家公司就会变得过于强大。当初英瓦尔创立宜家时,他和律师汉斯·斯卡林努力的目标,就是要避免儿子之间产生冲突,保持权力的平衡。

三个儿子的奇异导师

戈兰·林达尔曾是ABB公司经理,据他本人说,他就是英瓦尔选来指导他的三个儿子在未来担当重任的导师。一般人或许会认为,这是十分聪明的做法。林达尔做过我的董事会主席,我们共事多年,在ABB公司那些年,他的判断力很差,而且以自我为中心。彼得、乔纳斯和马赛厄斯经常闹矛盾,恶语相向,即便在英格卡控股公司会议上也如此。作为英格卡控股公司董事的戈兰,总是吹嘘说自己曾好几次痛骂小家伙们(三兄弟都已超过四十岁),事情慢慢也就解决了。亲爱的读者们,我建议你们不要全信这个说法,因为在宜家绿能科技公司,三兄弟和我也共过事,但是林达尔从来都不敢大声呵斥他们。不过他在彼得面前倒一直是颇有威信的。

彼得·坎普拉德为风险投资公司宜家绿能科技公司提出的计划,在宜家集团董事会上多次受到了有根据的大面积批判。董事会说彼得把公司的钱当私人财产随意搞投机。彼得曾经下令让英特宜家和宜家集团各自拿出 2.5 亿瑞典克朗来注资宜家绿能科技。

“我已经想到那笔钱会亏。”首席执行官安德斯·代尔维格说。他指出,彼得和戈兰投资时的判断力很差。

其中一个例子是关于绿能科技的第一笔投资。不符合正常商业做法和商业道德的是,这笔投资的对象是彼得·坎普拉德和戈兰两个人自己选的,暂且把它称为 Q 公司吧。有一个事实要明白,风险投资公司都是由董事会针对投资对象提出建议并进行授权的。他们两人可以说是脚踏两只船,置那些确保投资安全的措施于不顾。

这还不够。戈兰·林达尔还任命自己为首席谈判代表,完全不顾我这个总经理的存在。这样,他作为董事会主席既参加谈判,又对他所谈判的协议进行授权,这是十分罕见而且绝对不合理的。实际上是林达尔和彼得作出了决策,而我却要以总经理的身份承担责任。作为谈判代表,林达尔故作豪爽,慷慨大方,丝毫不顾及对方或自己公司的立场。林达尔号称全世界最优秀的谈判代表,但是在宜家绿能科技却没有显示出一丁点儿谈判方面的才华。相反,我们在一年里却付出了无数的谈判费用和律师费。律师、会计师和专利专家经过分析后,都从各自的职业角度提出了意见,反对我们的投资。即便是这样,林达尔还是努力把投资计划推动到最后。幸而他没能得逞,因为专家发现了十分重要的技术细节,其隐患可能给公司造成数千万的损失。

在这之前,大家提出了开展技术性的尽职调查[①]的问题。这就是说,要聘请一名或多名相关领域的技术专家对公司的技术文件进行分析。就对Q公司的投资而言,这个问题非常敏感,因为这是一项高科技投资。双方争论的焦点是,应该授权谁来做投资分析。Q公司管理层担心技术泄露(当然也可以理解),尽管有人施压,他们还是拒绝局外人参与。这时,林达尔向绿能科技公司董事会介绍说,他认识的一位美国教授参与过这项尽职调查。显然在美国西海岸不可能有人了解该公司的技术,因为根据Q公司的说法,这项技术几乎独一无二,而且从位于地球另一端的实验室里一拿出来就直接锁在了柜子里。

要是你知道,每次有投资项目通过,彼得·坎普拉德就会给林达尔红包,就更好理解林达尔为什么这么做了。就像几年前在ABB公司发生的一样,总有某种东西在影响着林达尔的判断。任何一个对林达尔有长期接触的人,都知道他是受了什么影响。但是作为宜家事业继承者的彼得,却不一定知道。在三兄弟接管宜家后,彼得将会以长子身份掌握最终决定权。

从个人来讲,我从来不觉得林达尔对我所参与的项目有过多大的贡献。当然,他是一位能干的会议主席,善于安排会议程序和发言顺序。不过我和其他同事都认为,戈兰·林达尔许了很多诺言,

---

① “尽职调查”(due diligence),是指为了帮助买方了解有关他们要购买的股份或资产的全部情况,由中介机构在企业的配合下,对企业的历史数据和文档、管理人员的背景、市场风险、管理风险、技术风险和资金风险做全面深入的审核。“技术尽职调查”(technical due diligence)则是针对要转让的技术进行的审查。现在“技术尽职调查”更多是指对物业和建筑物进行审查,本文参照原文用这一术语指代对转让技术的审查。

但是很少兑现。宜家集团高层管理都富有热情,英瓦尔更是如此,但林达尔却是例外。林达尔甚至不拿首席执行官代尔维格当一回事,说人家不切合实际,早晚一天会完蛋。

兄弟之间的权力关系的平衡,并不等于资产的平均分配。英瓦尔多次告诉媒体,彼得在三个儿子中拥有决定权,因为他最大。任何担任过公司或协会的董事会成员的人,都看得出来彼得会当马赛厄斯和乔纳斯的老板。实际上,彼得·坎普拉德已经成了宜家的指定继承人,他将接替英瓦尔,成为宜家集团的领导者。换句话说,他将继承父亲成为一位独裁者。

富过三代不容易

英瓦尔·坎普拉德用了一生的大部分时间来寻找使宜家永存不朽的方法。"只要地球有人类存在,就需要宜家",这是英瓦尔的名言。在这个名言之下,掩藏着他的担忧,害怕宜家这个他一生的事业会灭亡。

在过去七十年时间里,英瓦尔说的每一句话、做的每一件事,都透露出他对别人的不信任,这种不信任也影响到如何能让坎普拉德家族永远控制宜家。我们已经看到,因为对别人不信任,英瓦尔在宜家重要职位上安插了太多的阿姆霍特人。阿姆霍特这个地方总共只有 8500 人,其中有 2500 人在宜家工作。要控制宜家,英瓦尔不能靠任何东西,只能靠亲缘关系,因为没有任何东西值得他信任。他对儿子们也不太信任,不过他们跟他有血缘关系,算是最亲密的人了。

"创立,继承,毁灭",这句谚语说明,富过三代不容易。不管搞垮一个家族企业需要两代人、三代人还是四代人,新旧接替总是一个很大的挑战。那么,瑞典其他家族企业是如何接班的呢?雅各布·瓦伦贝格(Jacob Wallenberg)和他的表弟马库斯(Marcus)同时任职,他们逐渐建立了一些有自己特色、适合当代的东西。克里斯蒂娜·斯坦贝克(Cristina Stenbeck)的父亲意外地英年早逝,她随即进入公司,同时也进入了媒体的视野。从一开始,她聘请了许多能干的经理,首先确保公司能够继续正常运转,同时,她还聘请米亚·布鲁内尔·利夫福士(Mia Brunell Livfors)做总经理。强大的金纳威克(Kinnevik)公司一直由男人统治,突然处于一位女性的管理之下,很多人有点不太适应。由于公司在随后几年里发展迅猛,那些持怀疑态度的人不得不三缄其口。再比如,卡尔·约翰·佩尔松(Karl Johan Persson)在三十三岁时就掌管了 H&M 公司,据有可靠消息的同事讲,他很成熟,能够应付一切。毕竟他的父亲也是在他那个年纪就当上了老总,而且这些年来他在公司所起的作用也一直很大。

这些人的共同特质已经很明显了。首先,他们的智商极高,能够理解大公司总会有复杂问题出现,他们也具有战略思维,能够看到全局,在总体上作出决策。其次,他们的判断力非同一般,这种判断力就像在暗礁里航行时的隐形罗盘一样,可以指引方向。最后,他们有很强的社交能力,深得同事们的信任,具备所谓的领导特质。

毋庸置疑,现任宜家首席执行官安德斯·代尔维格和前任首席执行官安德斯·莫伯格都或多或少具有这些特质。莫伯格属于那种很有魅力、天生有领导力的人,体现在言谈举止之间。他的记忆力过人,对于复杂问题具有超人的理解力。他说:“一个人的判断力最为重要。”

安德斯·代尔维格相对要保守一点,但是由于他智商超群、有迷人魅力,经常成为会议的中心。在他身上,理性思考和常识判断得到完美结合,他十分清楚应该何时讲话、何时闭嘴听别人讲。我们这些曾在英国工作的下属尤其觉得,安德斯的领导才能出类拔萃。

英瓦尔三四年前就开始引荐他的儿子们,把他们安插在所有战略性的董事会里。随着他们快速进入公司并在不同的岗位工作,宜家高层经理中间开始出现不安的情绪。很多人发现,跟这三兄弟合作非常困难,还有些人甚至担心,不出几年,他们很有可能丢掉工作。这些经理们大多数都已经为宜家工作了很多年,具有宜家需要的突出才能。英瓦尔时代特别需要他们来延续公司的辉煌。

问题在于,三兄弟只熟悉公司的部分业务。另外,他们并不愿意承认自己的无知,沉湎于成天发表意见,忽略现实,完全按照商业数据来管理公司。也就是说,当公司面临大小问题需要处理时,他们提不出什么明确的解决办法。正是在这样的情况下,马赛厄斯和彼得却都已在跃跃欲试,想要对大部分事情发表意见。其他人要想按照马赛厄斯和彼得的方式来解决问题,只有两个选择:要么听从上级命令,就能留在公司;要么就离开公司。我自己跟彼得共过事,多次面临这样可怕的情况。高层管理人员,如瑞典宜家总经理里德贝格-杜蒙,英格卡控股公司董事会主席汉斯-戈兰·斯腾纳特是分别被马赛厄斯和彼得炒掉的(当然他们不是直接下手,而是通过别人来完成——里德贝格-杜蒙是被安德斯·代尔维格赶走,而汉斯-戈兰·斯腾纳特则是被他的姐夫英瓦尔免职)。这还是他们正式掌权之前所做的事,由此我们能猜到以后的事情。既然他可以毫不犹豫地开掉最高层的经理,那么那些小业务经理的日子就更不会好过了。

坎普拉德三兄弟

那么这三兄弟到底是什么身份呢？回答这个问题之前，我要告诉各位读者，这是本书到目前为止最难写的部分。并不是因为我缺乏素材，相反，我与乔纳斯共过事，也与彼得私交甚好，对他们比较了解。他们与这本书里提到的其他人一样都是宜家员工，与我没有特殊的私人关系，但是对于这三兄弟，我却要破例讲讲他们私底下的生活。我要强调的是，我这样做的目的不是要取笑这三位宜家接班人，而是想让大家明白，现实是很残酷的东西。

乔纳斯是老二，今年四十三岁，与他的爱尔兰妻子和孩子们住在伦敦。他接受了设计方面的教育，对设计也很感兴趣。他早期为宜家设计过一些家具，但是销量平平，或者老实说，销量很差。乔纳斯比较保守，这或许与他说话结巴有关，他回答问题一般不超过两三个句子，听说在瑞典宜家总部参加某些问题的讨论时，他讲话比较武断。平时他是一个很随和的人，不像他的哥哥和弟弟那样自以为是，也并不介意受哥哥与弟弟的领导。我从来没有听他在开会时提出什么特别的要求。他给人留下的印象是，他只是在父亲的强迫之下参加决定宜家未来的会议。他最主要的兴趣其实还是设计和产品线。

乔纳斯身材高大，长相英俊，而他的弟弟马赛厄斯则个子矮小，长相平平。马赛厄斯长着一张娃娃脸，两眼炯炯有神，常常一脸苦笑，好像不那么自信。他今年四十岁，与女友育有孩子，但两人分手已经五六年。20 世纪 90 年代，他和女友一起在宜家儿童部工作时开始交往，这件事很快在斯莫兰省的小村子里被传为“丑闻”，因为女孩比马赛厄斯大好几岁，而且如果我没记错的话，她当时已经有了孩子。一般人会觉得这没有什么大不了的，不过在当时的阿姆霍特这样的小工业村庄,这可不是什么小事。马赛厄斯的父母也不太支持他们在一起。

但是,敢于打破传统、敢于违抗父母,是马赛厄斯的最大特点。这一家人中,只有他因为过得像一个有钱人的样子而两次被媒体曝光。他住在伦敦的富人区,2001 年想要卖掉这栋房子,但因为市场行情不好,遇到了不少麻烦。英国一家小报打探到,他要价 1800 万英镑。几年后,在瑞典又发生了同样的事情。马赛厄斯通过宜家的子公司,花了 2000 万瑞典克朗(约合 1800 万元人民币)在法尔斯特布(Falsterbo)购买了一栋房子,媒体当然是要挖掘一切信息的(比如说他现在就住在这栋房子里)。他过着单身汉的生活,喝酒、玩乐、泡美女,这就是他每天生活的主要内容。前不久,我认识的一位同事,也是公司高管,告诉我马赛厄斯经常在晚上去哥本哈根的一家餐馆。最近一次,他还把人家的餐馆给砸了。宜家很快就赔偿了这个餐馆的维修费用,还给了很大一笔封口费。这件事说明,马赛厄斯还不够理智,不具备管理一个有十五万员工的公司的能力。试想一下,要是别的经理,不管有多高级别,做下这样的事——就我所知目前还没有——可能已经走人了,而且是很快就走人了。

最后,马赛厄斯被任命为宜家丹麦分公司的总经理,那时候欧洲区总经理本特·拉尔森因为拒绝按照英瓦尔的要求而付出了代价,丢掉了工作。宜家官方说法是,马赛厄斯成功地让宜家丹麦分公司扭亏为盈。实际上马赛厄斯上台之前,一切战略性策略已经实行,他只要安坐在位即可静等成功。相反,在两年时间里同事们对他忍无可忍。由于性格原因,只要有什么不顺他的意,他就大发雷霆,甚至动手。在阿姆霍特的产品周期间,当时宜家全球的经理都在场,我见到这样一个情景。在一个屋子里有三四十个人,有人做陈述时,他只要不满意就开始人身攻击,非要别人接受他的观点和看法。在一个重视意见交流的公司里,这样的做法让人很不自在。马赛厄斯当时认为(现在也这么认为),他提出的只包含 3000 个品种的产品线方案是唯一正确的方案。事实上,不管会议室里的人还是会议室外的人都不这么认为,但是这些好像都跟他没有关系似的。我与马赛厄斯一起工作的时间不长,对他的才能没有多少了解,但是他的判断力之差很让人担忧。他似乎已经认定,自己作为坎普拉德家的儿子,以后必须以铁腕来管理宜家。

彼得是长子,今年四十五岁,也是三兄弟中我最了解的一个。他与丹麦妻子和两个孩子一起住在布鲁塞尔。彼得拿的是经济学学位,却对技术感兴趣。他最喜欢读的杂志是 ***Photon***,这是搞太阳能研究的人必读的一本杂志,内容枯燥,还很厚,像一本电话簿,订阅费也贵。彼得让宜家绿能科技公司为他订阅这份杂志,这真是有点奇怪,作为一个有上亿家产的富翁,居然不愿意出这么点钱。

继承父亲的事业,承担起掌管宜家的重任,似乎已经在他大脑里扎根。很多人常常在背后嘲笑他,说他急于求成,过早地在各个方面模仿父亲的做法。从面部表情、走路姿态、笑声、措辞,到读写困难,他都努力做得跟他父亲一模一样,甚至讲话时用的方言、眼神、音质都一模一样。问题是,他做得太刻板了,而且还继承了他父亲最不好的东西——脾气暴躁无常,没准下一分钟就爆发出激烈的言辞,把人臭骂一顿。只要有人不按他的方式去做,一定会被臭骂一顿。彼得过于重视细节,常常要求董事会或商业顾问会议花几个小时的时间来讨论细节,而对有战略意义的问题毫无兴趣。他不像他父亲那样能够在小问题和战略层次之间游刃有余,常常忽略环境条件,缺乏整体观。从我的所见所闻来看,三兄弟都缺乏全局判断能力,看问题不全面,也缺乏战略思维。

彼得也缺乏领导素养。迟早有一天,他要成为这个巨大商业帝国的老板,领导十五万员工。可是只有事情发展顺他的意时,他领导起来还行;一旦不顺他的意,他立刻就大发雷霆,给别人发出最后通牒,即便是为一些不足挂齿的小事。不管是我,还是林达尔,都跟他提过好几次建议,但他依然我行我素。不过,彼得擅长社交,富有人格魅力,也易于相处。只可惜他的人格魅力如闪电一般,消失得很快,往往毫无征兆地就生起气来。由于捉摸不定,身边的人都如履薄冰。他不能像他父亲那样巧妙地在员工中激发出创造力,他身边的人都成了助手,只会执行他的决定。除了在太阳能和 LED 灯泡等技术方面比较聪明外,他的智商只能算是中等。他的记忆力就像患了阿斯伯格综合征(Asperger-syndrome)的人一样,连最细小的细节都记不住,却自认为在很多方面都很出色。虽然经常咨询专家意见,但他常常表现得好像自己已经有了决定,只不过找人来确认一下的样子。

跟彼得和乔纳斯在一起的时候,我总是在想,为什么周围的人总是要死命地保护他们,不让媒体接触他们。一方面固然有安全考虑,另一方面更是因为父亲害怕儿子们过于锋芒毕露会影响到他自己。但我认为他们是在做自我保护,以免他们的愚钝被媒体披露,发布在报纸头条或电视屏幕上。

有一点毋庸置疑,那就是三兄弟中没有一个人继承了他们父亲的商业头脑。我们都知道,英瓦尔具有从石头里榨出血来的能力。一位同事曾经告诉我,有一次他参加英瓦尔和儿子们的会议,他看见英瓦尔狠狠地教训儿子们,说他们蠢得要死,股票交易和个人生活都弄不好,损失了很多钱。

为什么一个儿子说话结巴,一个儿子由于强烈的自卑感成天喝酒,像没长大的孩子一样整天只知玩乐,还有一个儿子虽然才四十五岁,却努力装得像父亲一样老成?背后的原因恐怕得从英瓦尔身上去找。英瓦尔既是一个好玩、迷人而又可爱的父亲,又是一个高高在上、专制的父亲。当他心情不好的时候,他是我见过的最冷酷的人。我想,彼得和马赛厄斯性格里的傲慢和专横、乔纳斯性格里的畏畏缩缩,都说明他们是在血腥而专制的教育方式下长大的。英瓦尔在电视上说过,他的父亲是手握鞭子把他养大的。当记者问他这样的教育是不是很可怕时,他还觉得别人问得莫名其妙,好像武力教育是理所当然的事情一样。

上世纪 60 年代的坎普拉德家是什么样子,我不得而知。这三个儿子显然都对做宜家的领导人没有兴趣,也没有能力去做。不过,你想他们除了听从安排或是反叛,有选择其他道路的机会吗?除了成为一个独裁者,还有其他可能吗?他们都已经四十多岁,还要对他们的父亲毕恭毕敬、言听计从,只要父亲在场,都不敢开一句口,他们除了这样还能怎样?

面对死神的安排

随着年龄增大,英瓦尔也越来越怕死。由于害怕死后宜家会破产,他常求助于公司里最信任的老朋友,他们大都年过半百。2008年夏天,一位关系比较好的朋友告诉我英瓦尔的忧虑:“我的三个儿子都没有什么指望,亲爱的博斯,请答应我,不管他们怎么样,一定要保住宜家。”

英瓦尔跟宜家老员工们说过这番话后,有关他对宜家和儿子们没有信心的谣言火速在公司里传开。当然,这个消息也很快传到了三个儿子的耳朵里。以专制的教育方式调教出来的儿子们,把讨好父亲看得比什么都重要,但有关父亲认为自己是个傻瓜的谣言简直就是一记响亮的耳光,把他们竭尽全力培养的自信统统毁掉了。

2008 年 8 月初,我自己就经历了这样窘迫的事情。我们在媒体上发布了成立宜家绿能科技公司的消息,结果非常成功。五十个国家都有我们的报道,远近的报纸都来采访。我们做梦也没有想到会引起这么广泛的关注。董事会后,彼得读到了《瑞典日报》(*Svenska Dagbladet*)对我这个总经理的采访。他突然从椅子上跳起来,瞪着我说:

“你怎么说会有八到十名员工?”

“因为我们可能还需要几位同事,确保这几亿投资更稳健。这么大一笔投资,无论哪家风险投资公司都需要很多人一起来做的。”

“我不会再相信你了,约翰。”他回答说,然后又继续看报纸了。

用宜家的话说,这就是要解雇我了,而且是就地解雇。要知道,我在宜家二十多年,还很少受到解雇的威胁。一方面,我的工作一直干得很出色;另一方面,宜家也很少用解雇来威胁员工。当然,像任何其他公司一样,宜家也有员工被解雇,但是他们并不会事先受到威胁。然而在彼得·坎普拉德看来,给员工一点威胁是很正常的。后来,从一位消息灵通的同事那里,我才听说彼得和他的兄弟是因为害怕父亲才这样做的。

我最终并没有被解雇,但是彼得和我缘分已尽了。心情平静下来后,他向我道了歉。但是伤害已经造成,我对他的信任已经荡然无存。二十年来,我第一次意识到,该是我跟宜家说再见的时候了。

英瓦尔犯下一生中最大的错误

几年前,在一次家庭会议上,英瓦尔在有关宜家接班人的问题上犯下了最大的错误。当时,玛格丽特的弟弟,也就是英瓦尔的小舅子汉斯-戈兰·斯腾纳特担任英格卡控股公司董事会主席。汉斯-戈兰在宜家工作了很多年,也取得了很大的成功。宜家的卫浴系列产品 PERISKOP 是他做产品经理时推出的,距今已有二十年了,如今依然活跃在市场上。像这么成功的产品是不多的,因为宜家每年会淘汰 30%的产品。汉斯-戈兰天生具有对棘手问题的判断能力,这一点超出一般人。他在生产、采购、产品开发、零售和后勤服务等方面都有涉及,而且很深入。除了英瓦尔以外,他是我在宜家见过的最厉害的人。同时,他在宜家各层次的员工中都很有威望,深得大家的信服。

但是汉斯-戈兰·斯腾纳特犯了一个错误。看到彼得·坎普拉德有很多缺点,缺乏判断力,出于对宜家前途的担忧,他想在英瓦尔退休后提拔马赛厄斯为坎普拉德家的一家之主。彼得听说了之后反应非常激烈。不久,斯腾纳特就被解除了英格卡控股公司董事会主席的职位。具体情况是,当时由于引起激烈争论,汉斯-戈兰·斯腾纳特不得不询问三兄弟,他作为英格卡控股公司的主席,是否应该得到他们的信任。彼得当然就说,他已经不再信任这位舅舅,也就是说要解除他的董事会主席职务,并把他安排到日本和中国等区域的一些边缘岗位。后来,戈兰·格罗斯科普夫接替他做了董事会主席。彼得仍然是英瓦尔的理想人选,在他心目中是三个儿子中最优秀的一个。

在我们这些外人看来,这个消息颇令人意外,因为汉斯-戈兰·斯腾纳特到目前为止是坎普拉德家的亲属里唯一有能力在未来领导宜家的人。我个人认为,他不仅有能力领导宜家,而且还有能力使宜家在多个领域取得进一步发展。过了很久许多人还始终不能明白,为什么英瓦尔会支持他的三个无能的儿子,而弃用汉斯-戈兰·斯腾纳特,这将永远是个谜。既然英瓦尔选择彼得为宜家的负责人,那么彼得毫无疑问将成为宜家的独裁者,至于在哪个方面独裁,现在还不得而知。

在汉斯-戈兰被粗暴地赶出宜家后,发生了一些不幸的事件。一些重要人物,包括一些优秀员工,要么离开了宜家,要么被三兄弟赶走了。就算不是被他们直接赶走,也是在他们的授权之下被赶走的。

在英瓦尔的世界里,血始终浓于水,即便是以整个宜家的生存作为代价。我们所有人都知道,坎普拉德家族一直拥有宜家,也会继续管理宜家。但是英瓦尔理应明智地让三个儿子按照自己的爱好去发展自己的特长。彼得肯定可以当一个游戏开发员。乔纳斯有艺术天赋,在董事会会议室里却备感陌生而局促,而且他是英瓦尔唯一一个在宜家找到了自己平台——产品研发——的儿子。我对马赛厄斯不够了解,不敢说他到底适合干什么。要是英瓦尔允许三个儿子不担任董事,而像乔纳斯那样在宜家一个具体的平台上工作,坎普拉德家的下一代恐怕会让宜家走向一个完全不同的未来。他们会在宜家从事重要的事务,而不是进行全局管理。管理全局需要非同一般的才能。那样的话,他们就会欢迎舅舅汉斯-戈兰回到宜家,继续主持宜家重要的董事会,那么即便是在英瓦尔离世后,宜家也会在未来得到更好的发展。

不得其主,更不得其时的奥尔森

2009年4月,不出众人所料,英瓦尔以及他的儿子们选择了一个人来接替安德斯·代尔维格担任首席执行官。但是大家没想到,这个人是迈克尔·奥尔森。

在宜家,没有人比奥尔森更适合这个职位了。在宜家工作的三十年里,他在世界各地领导和开发了整个价值链的许多活动。担任瑞典宜家总经理时,他穿梭于各部门的开放式办公室之间,时常询问人们的情况和工作进展,展现出了擅长社交的一面。听起来是小事,但是在他之前和之后的瑞典宜家总经理都没有谁有胆量像他那样深入到工作一线中去。

奥尔森经常召集布鲁斯潘地区的700名员工到一个小休息厅里,讲述他对时事的看法。他讲得通俗易懂,也很吸引人,总是用标准的斯科讷方言说:"经常会有人叫你们要考虑价格的地方差异,别管那么多!"

奥尔森在职业上最大的特点就是"足智多谋"。我前面已经讲过,他知识丰富,几乎可以和英瓦尔媲美。跟其他人不同的是,开会时,他可以安安静静地坐上几个小时,然后突然站起来,走到前面,在白板上用几个词语来总结会议要点,还能从一个小时的讨论中形成一个结论,令整个会议室感到振奋。

但是,或许奥尔森适合担任宜家首席执行官的最主要特质是他的领导才能。我在宜家工作期间见过的高层经理大致有两类:一类是以自我为中心,每次参加会议都想要掌管别人,在会议上非要占据统治地位;另一类则保持沉默,该发言的时候也不怎么说话。本特·拉尔森和杜蒙属于前一类,安德斯·代尔维格则属于第二类。迈克尔·奥尔森则是可以在两类人之间灵活变化的人,既可以保持安静和谨慎,又可以表现得积极活跃、寻根问底,以便推动会议进程,从而表达自己的反对意见。我记得有一次与英瓦尔一起参加某产品周的产品业务部会议,其间奥尔森严厉地批评了几位员工。我觉得他批评得没错,因为这几位员工明显忽视了协议书上写的条款,现在却找借口,而不是主动承认错误。我清楚地记得,后来英瓦尔为这几名员工说好话,并且在小舅子汉斯-戈兰面前埋怨奥尔森脾气不好,却没有去考虑,这两个人犯的错可能给资产数以十亿计的公司带来很大的风险,他们理应为自己的行为负责。

我记得这是英瓦尔第一次批评奥尔森。随后几年里,英瓦尔对他的批评越来越凶了。由于奥尔森负责的任务重,工作越来越多。他不仅是瑞典宜家的总经理,负责产品开发、采购和后勤服务,还要负责位于斯莫兰省森林里的一个四分五裂的业务部门,宜家给他的任务是要把这家公司变成世界一流的公司。

由于把这些任务完成得非常好,他自认为可以继安德斯·莫伯格之后担任首席执行官。莫伯格担任该职务已经十二年,正在寻思离开宜家另谋高就(具体地说,就是想去美国的家得宝公司任职)。最终,首席执行官的职位没有给受欢迎的奥尔森,而是给了安德斯·代尔维格。我猜,有两个原因导致英瓦尔认为奥尔森不适合这个职位。首先,奥尔森直来直去,这让英瓦尔觉得不太好对付。我亲眼见到过,奥尔森在和英瓦尔交谈中使劲儿讲他的观点,要英瓦尔接受。这样类似的事情发生了好几次,搞得英瓦尔很恼火。我想,在与英瓦尔交往时,要他接受你的观点,你必须善于察言观色,了解他的想法,以免说得太多。谁对谁错,并不在讨论范围之内,因为一切由英瓦尔说了算。

英瓦尔难以接受迈克尔·奥尔森的第二个原因是他能力突出。奥尔森虽然是一个安静的人,但是在会议上经常提出实际的见解,以他的个人魅力受到大家的关注。就像本特·拉尔森,虽然很优秀,但英瓦尔对他还是不满意。奥尔森十年前没有当上首席执行官,大概就是因为英瓦尔无法接受身边有一颗这么闪亮的明星。

结果,奥尔森被冷处理了,而且为时长达十年。他被派去负责南欧的零售业务,他接受了任命。不久前发生了两件奇事,一件发生在奥尔森身上,一件发生在代尔维格身上,彼此相关联,因为到这个时候奥尔森还没有放弃代尔维格的职位。

彼得·坎普拉德和戈兰·林达尔不断地抱怨说代尔维格累了。这实际上是对这位有着十年辉煌历史的首席执行官的诅咒,意思是,他在执行主子也就是坎普拉德一家的任务时有些怠慢,而不是说他真的"累了"。在宜家工作的最后几个月里,我在好几个场合碰到过代尔维格,因为我认识他已经有二十年了,我可以证明他还没有觉得累,相反,他正朝着坎普拉德家想要的方向推动公司发展。

彼得经常说:"只要我们除掉了代尔维格,那么……"好像这样就可以为宜家的壮丽发展打开闸门一样。英格卡控股公司的现任董事会主席、已经头发花白的税法教授戈兰·格罗斯科普夫更过分,他利用迈克尔·奥尔森在阿姆霍特的布鲁斯潘做就职演说的机会,四次提出所谓的安德斯·代尔维格"疲倦"论。最后,感觉受排挤的代尔维格当众问格罗斯科普夫:"难道我真的看起来有那么疲倦吗?"

另一件更引人关注的事情是,迈克尔·奥尔森又重获英瓦尔的青睐,接替代尔维格担任首席执行官,这真是出人意料,因为英瓦尔一旦放逐了某人,一般很少回心转意。这一次为什么这么做?在我看来,道理很明显,没有比他更胜任的候选者了。英瓦尔意识到,一旦儿子们接过宜家,必须要有一个真正了解自己责任的首席执行官。

但是,正因为奥尔森有突出的才能,所以会在未来面临严峻考验。一旦奥尔森和他的领导团队带领宜家向前迈进,他就会发现,彼得·坎普拉德可爱的、像英瓦尔一样的形象会展现出其阴暗的一面。奥尔森很难像他的前任那样可以自由自在地发展宜家。他是被别人任命的,所以他必须遵从英格卡控股公司董事会——说穿了就是坎普拉德三兄弟——的愿望来做,而且是严格意义上的遵从。以前,英格卡控股公司和英瓦尔都只是提出粗线条的计划,然后灵活地执行。今后,这将会变成针对每一个细节的指令。对于奥尔森这样诚实的人来说,所处的境况难免左右为难。如果他提出反对意见,坚持做他认为对宜家好的事情,他就会丢掉工作。如果他尽可能灵活机智地妥协应对,他就会违背自己的做人原则。

▶

后　记

蓝黄色高墙总要敞开

我尽管在本书里提出了一些批评,在有的章节还提出了非常严厉的批评,但是回忆起我在宜家度过的精彩的二十年,我还是感到非常愉快的。英瓦尔·坎普拉德是一位了不起的人物,总能带给人灵感,能够与他共事是我莫大的福分。我常常想起英瓦尔和宜家的同事们,想起与他们一起工作时的快乐和温馨。我的心有一半始终属于宜家。但是,如今回过头来,我发现这些年里我也失去了不少。我失去了沟通的机会,特别是与人就宜家的问题进行真诚、坦率而又批判性的沟通的机会。这种沟通不管是在宜家内部,还是在宜家以外的地方,都是必要的。可惜,它在蓝黄色高墙背后的宜家却不存在。以前,我们在宜家常常说要"忠诚";而今,人们说要"齐心协力",用词虽然不同,意思不是一样。也就是说,有些事情是不可以询问、不可以谈论的,除非你属于宜家董事会(英格卡控股公司)、英瓦尔本人和他的儿子们的那个小圈子,宜家的一举一动都在他们的掌控之中。

我觉得,开展沟通交流对宜家而言非常重要。没有哪位记者能够穿透宜家密不透风的高墙,也没有人能够掌握整个宜家的一小部分信息,这造成外界对宜家的了解很少。宜家是全球最强势的品牌之一,现有员工 15 万,加上供应商和次级供应商,有 50 至 100 万人靠着宜家吃饭,其中大部分人都生活在缺乏社会保障的国度。人们只能从报纸上读到精心设计的记者报道、对首席执行官的采访,以及在夏末的斯莫兰省田野里,记者与英瓦尔之间表面看起来很亲切的聊天。

媒体和公众对沃尔沃、H&M 的一切都非常了解,因为它们都是上市公司。但是宜家对大家而言却是一个秘密。保守这个秘密,给谁带来了好处?宜家只要还是一个没有上市的家族企业,就有权保持沉默、采取秘密行动,这是合法的。但是这样做并不符合道德要求。相反,他们违背了道德要求。规模如此庞大的公司,理应承担相应的责任,在重大问题上需要更加透明和多方的讨论。这是应该对社会承担的责任,若没有这份责任,宜家不可能有如此大的发展。我写这本书的目的,便是要就宜家问题开启一个更加开放的对话,在宜家蓝黄色高墙内外的对话。

对于英瓦尔·坎普拉德也是如此。他本人完全就是一个活生生的传奇故事。要对他作出公正的判断,我们就有必要看看他失败的一面。我的意思是,穿过华丽的外表,我们应该了解他巧妙地隐藏在酗酒、读写困难假象等背后的问题。不了解英瓦尔复杂的多面性特征,就不可能了解他是如何建立宜家,如何在宜家进行创造性工作的。

正如我在本书一开始所说的一样,这本书所记的全是我对英瓦尔和他用一生来追求的宜家的回忆,是我亲身经历的真相。

附录

一个家具商的誓约

形塑宜家价值观的九个理念

1　产品,是宜家的标签

我们要提供种类繁多、美观实用、老百姓买得起的家居用品。

产品线

我们的产品应该涵盖家庭的所有区域,即室内室外一切家居装饰和家居用品。另外,还应该提供家庭需要的工具、用品、装饰,以及各类家庭自主装饰装修需要的高级零配件。同时也提供公共建筑需要的部分物品。产品品种应受一定的限制,以免对总体价格造成负面影响。专注每个产品领域内的关键产品。

产品特征

必须专注于我们的**基本产品**,即“宜家的代表性产品”。我们的基本产品必须有其独特的特征,反映我们的设计理念,尽可能简单、直接。产品要耐用,适合日常生活。同时,还应反映一种轻松自然、无拘无束的生活方式。产品应该具有形式别致、注重色彩,令人赏心悦目。产品应洋溢着青春、欢快的特色,迎合各个年龄层向往年轻之心。在斯堪的纳维亚,人们把我们基本产品的风格看成宜家风格。而其他地方的人则把它看成瑞典风格。除了基本产品之外,我们还可以有少量的传统风格,这对大多数人有吸引力,也可以和基本产品搭配,但必须在北欧以外的地方销售。

功能和技术质量

宜家不提供“用过即扔”的即时消费品。消费者一旦购买,就应能长期享用。因此,我们的产品必须功能实用,质量上乘。当然,质量本身不是目的,还必须根据消费者的需求进行调整。比如,桌面就应该比书架表面更加耐磨。所以桌面的处理费用更加高昂,顾客使用的时间更长。而书架则无须这样做,以免让顾客多花冤枉钱。产品质量要以消费者的长期利益为考量。我们产品的质量应该以瑞典的安全标准(Swedish Möbelfakta)的基本要求或其他合理规定为准。

有价值的低价

大多数人的经济资源都是有限的。我们服务的正是大多数人。我们的首要原则就是维持极低的价格标准,但是必须是有价值的低价。在功能和技术质量,我们都不做妥协将就。

我们将不遗余力,保证实实在在的低价。要始终确保我们的价格比竞争对手低很多,做到每一款产品的功能都物超所值。每一个产品系列,都应该有“价格低得令人大吃一惊”的产品。不以牺牲价格的方式扩大产品线。有价值的低价,需要宜家所有员工的努力,包括产品研发人员、设计人员、采购人员、办公室和仓库人员、销售人员和其他各个部门的人。总之,每一个员工都为降低宜家产品的成本作出了贡献。没有低成本,就无法实现我们的低价目标。

产品线政策的变更

服务大多数人是我们的基本政策,这是不会改变的。本誓约所提到的涉及产品生产结构的指南若需要调整,必须要由英格卡控股公司董事会与英特宜家公司共同决定。

2 宜家的精神:坚韧不拔、热情满怀

你一定对宜家的精神有过体验,甚至有自己的解读。过去的生存要容易很多,家具商不多,彼此靠得很近,随时可以沟通。而今,生存日渐艰难,消费者开始合谋砍价,人事部门资料一大堆,每一个家具商都被淹没在这一片灰暗的境况中。

以前的情况则很单纯:彼此互相帮助;以很小的付出,获得很大的回报,节约成本到抠门;谦逊;带着经久不衰的热情;无论风雨,都保持良好的团结之心。而今,宜家和整个社会都发生了变化。

尽管如此,宜家的企业精神依然存在于每个工作场所,存在于新老员工心中,每天都有英雄主义行为出现,很多人都还有和多年前一样的感受。在我们这样一个大集体中,并不是每一个人都有同样的责任感,具有同样的热情。有的人一定只是把这份工作看成与其他任何一份工作一样,只是一种谋生的手段。

如果有时候我们未能保持激情的光芒,承诺偶尔未能兑现,生活中少了活力,在执行单调的任务时少了热情,那么你们要和我一起承担责任。

真正的宜家精神要建立在热情之上,不断追求创新,保持成本

意识,乐于承担责任,愿意在困境中伸出援手,谦逊地接受任务,简单地处理事务。我们要彼此关爱,互相激励,要成为让人羡慕的集体。

工作不应只是谋生的手段,如果在工作中缺少了热情,那么三分之一的生命将会虚度,摆在办公桌抽屉里的杂志并不能弥补你的损失。

任何一位承担领导责任的员工,都要努力为属下的员工提供动力,促进他们发展。团队精神很有价值,它会促使每位成员忠于职守。你作为统帅,要在听取员工的建议后作出决策,决策一定,便不再争论,就像足球队那样!

我们要对团队中的栋梁心存感激,对那些朴实、言语不多、认真做事、助人为乐的人心存感激。他们默默地完成使命,承担责任,却不被人注意。对他们而言,明确划分责任有必要,但不美妙。在他们心中,伸出援手,承担责任,是不言而喻的使命。我称他们为最坚定的人,任何一个集体都需要这样的人。在我们公司的每一个角落都要有这样的人,不管是在库房、办公室,还是销售队伍中。

他们就是宜家企业精神的体现。

是的,宜家企业精神依然存在,但是也需要紧跟时代,不断培育和发展。**发展并不总是等于进步**。你们应当作为宜家的领导者和责任的承担者,把发展变成进步。

3 利润带来资源

为大众创造更加美好的日常生活!要实现我们的这一目标,就需要有资源,尤其是财政资源。我们不愿意守株待兔。我们相信,通过刻苦努力、专心致志的工作,就能有回报。

利润是个美妙的词汇!但我们先得去掉它夸张的弦外之音,政治家常常大量使用,甚至是滥用利润这个词。利润带给我们资源。要得到资源,有两种途径:要么依靠自己的利润,要么依靠补贴。政府的补贴,要么靠政府某些项目的利润提供,要么来自你我所交的税款。

让我们自给自足,积累自己的资源!

我们通过努力,积累财政资源**是为了长久的成功**。你们都知道要怎样才能实现这一目标:提供最为低廉的价格和最为上乘的质量。如果我们的利润率太高,产品价格就难以降低。如果我们的利润率太低,就无法积累资源。这真是有意思的问题!这就要求我们的产品开发要经济,采购要高效,节约成本要固执到底。这就是我们的秘诀,是我们成功的基础。

4　以小投入,获大回报

这是宜家的传统观念,但在今天比任何时候都更适宜。我们的经历一再证明,我们可以通过小投入或者有限资源获得大回报。在宜家,浪费资源是一种不可饶恕的罪过。如果不计较成本,要实现既定目标并不困难。任何设计师都可以设计出一个价值 5000 瑞典克朗的书桌,但是只有技艺超群的设计师才能设计出一个价值 100 瑞典克朗、质量好、又好用的书桌。**用高成本解决任何问题的人,常常只是平庸之才**。

只有了解了一个方案的成本,我们才会对它表示尊重。在宜家,如果产品没有价标,就是一个错误。那就像学校提供免费午餐,但政府却不告知纳税人这份午餐花了多少钱。

在选择某个方案时,把它与成本挂钩。只有与成本挂钩,你才能判断它的价值。

浪费资源是人类最大的弊病之一。许多现代建筑更像是对人类愚蠢行为的纪念,而不是理性地满足人类的需要。下面这些日常生活小事上的浪费让我们付出的代价更大:把永远也用不上的纸张存入档案;花不必要的时间来证明你的做法多么正确;因为不想现在承担责任而把决策推迟到下次会议;本可以轻松地留个便条或发个传真,却要打电话;如此之类,难以穷尽。

按照宜家的方式利用资源,就会以小投入获得大回报。

5　简单是一种美德

不管是社会还是公司,都需要一套规则,使其中的人和谐共处。但是规则越复杂,就越难执行,复杂的规则形同虚设。

历史包袱、害怕或不愿意承担责任,是官僚作风的温床。决策不力,就会产生更多的统计数据、更多的研究、更多的委员会来参与决策,也就产生了官僚作风。官僚作风让情况复杂,让局势瘫痪。

规划也常常等于官僚主义。当然,我们需要规划来指引工作,确保公司的长远发展。**但不要忘记,过度规划是企业灭亡的罪魁祸首**。过度规划会束缚行动自由,让人没有时间完成眼前的事情。复杂的规划扰乱局势。所以,要以简单和常识指导规划。

简单是我们的美好传统。程序越简单,作用越大。简单的行为带给我们力量。我们要以简单和谦逊的方式对待彼此,对待供应商,对待客户。不住奢华的酒店不仅仅是为了节约成本,我们需要的不是豪华的轿车、时髦的称呼、定制的套装或其他的社会地位符号。我们赖以存在的是我们的力量和意志。

6 敢于与众不同

要是我们一开始的时候咨询专家,问阿姆霍特这么小的地方是否可以支撑起宜家这样的一个公司,他们一定会说不可以。但是如今,阿姆霍特却驻扎着全世界家具行业最大的公司。

不断询问我们为什么做某件事,我们就能找到新思路。

拒绝接受固有模式,我们就会取得进步。我们要敢于追求独特！不仅在大是大非上,而且要在日常小事上追求独创。

顾客在生产窗户的厂家买到桌腿,或在衬衫厂家买到靠垫,这绝非偶然,这其中蕴含着某种道理。

打破常规的目的不在于打破本身,而是专心地不断寻求发展和提高。

保持我们事业的动力并加以发展是我们最重要的任务。这就是我希望每家店铺都不相同的原因。我们知道,最新开的店都会有一些问题,但是综合来看,它仍然是目前最好的。有动力,勇于实验,我们就一定能前进。“为什么”将永远是重要的关键词。

7 专注,是成功的关键

作战时的统帅要是把力量分散了,一定会打败仗。全面发展的运动员也不会取得很好的成绩。

对我们来说,关键的同样是专注力,是集中我们的资源。

我们不可能在同一时刻、每个地点,完成每件事情。

我们的产品线不能无限扩大,也不可能满足所有人的品味。我们要专注于我们的重点。我们不可能一下子提供所有的产品系列。我们必须要专注。我们不可能一下子占领所有的市场。我们必须要专注于以最小的投入,获得最大的效益。

在专注于我们的重要业务的同时,我们必须学会斯莫兰省人所说的"lista","lista"是斯莫兰省很常用的词,意思是"做成",即以最少的资源完成目标。

建立一个新的市场时,我们专注于营销。专注,意味着在某个关键阶段,我们必须要忽略某些不那么重要的问题,比如安保系统。这也就是为什么我们对员工的诚实和忠诚提出了额外要求。

专注,就意味着力量。在日常工作中专注吧,它会给你带来回报。

8　勇于承担责任

在公司或社会,不管是哪个阶层都存在这样的人,他们愿意做自己的决定,也不愿意躲在别人的决定背后。他们是勇于承担责任的人。一个公司或社会里这样勇于承担责任的人越少,官僚主义作风就越严重。负责的人不愿意或者没有能力作出决策,就会导致不断地开会、不断地讨论,而且还常常找借口说是讲民主或与人商讨。承担责任跟每个人所受的教育、经济状况和级别无关。在库房、采购人员、销售人员和管理人员中,都有承担责任的人,总之,到处都有。承担责任的人是任何一个系统都不可或缺的。

他们对于取得进步也是必要的。他们是驱动轮子的人。

在宜家,我们希望将焦点集中于每一个,彼此促进。我们都有自己的权利,也都有自己的责任。自由地承担责任,每个人都要主动,这很重要。我们要有能力承担责任,做出决策。

人只有在睡觉时才不会犯错。犯错误是积极的人的特权,也是那些勇于改正错误的人的特权。

我们的目标,要求我们不断地践行决策和承担责任,不断地克服害怕犯错误的心理。**害怕犯错误是产生官僚作风的根源,也是发展的大敌**。

没有哪个决策可被称为唯一正确的决策,决定该决策是否正确的应该是人们投入其中的精力。必须允许人犯错误,只有平庸而消极的人,才花很多时间来证明他们没有错。优秀的人总是积极的,总是向前看。

总是积极的人获得胜利。积极的人让同事感到开心,也让自己开心。他们获胜并不意味着别人会失败。最好的胜利是没有失败者的胜利。如果有人偷了我们的设计模型,我们并不会上法庭告他,因为卷入官司总是不好的事情。我们的解决办法是开发出新的、更好的模型。

利用你的特权吧,勇敢地做出决定并承担责任,这是你的权利,也是你的义务。

9　永不止步,创造更加辉煌的未来!

觉得自己已经把事情做完,这是一种很好的安眠药。一个退休的人,如果觉得自己已经做完了能做的事情,就会很快衰老。一个公司,如果觉得自己已经实现了目标,就会变成一潭死水,失去活力。

幸福不是已实现目标。幸福是在路上。一切刚刚开始,那是我们的幸运,在每个领域都是如此。不断地问自己,我们今天做的事情,明天怎么能做得更好,这样我们就会不断前进。探索带来绝对的快乐,会启迪我们未来的行动。“不可能”这个词已从我们的词典里消失,永远地消失。“经验”也是需要谨慎对待的词。

经验会阻止一切发展,许多人以经验为借口,不愿意尝试新东西。偶尔依靠一下经验也是不错的,但是依靠的应该是自己的经验。自己的经验比冗长的调查更有价值。

作为人类社会的一员和宜家员工的一分子,我们要保持高昂的雄心壮志。谦逊很重要,对我们的工作和休闲都很重要,对于我们作为人而言更重要。谦逊意味着,我们不仅要关心和尊敬他人,而且要友善、大方。要有毅力和动力,还要谦逊,否则会带来冲突。因为谦逊,毅力和动力就成为每个人和人类社会发展的秘密武器。

要牢记,**时间是你最重要的资源**。十分钟就可以做很多事情,而这十分钟一旦过去,就过去了,永远也追不回来。

十分钟并不是每小时薪酬的六分之一。十分钟是你自己的一部分。把你的生命以十分钟为单位进行划分,尽可能地不要把生命浪费在无聊的活动中。

还有很多工作要做,让我们做一群积极的狂热主义者,固执而持续地拒绝接受“不可能”与“消极”。只要想做的事,我们就一定要去做,而且要团结一致地去做。辉煌的未来就在前方!

译名对照表

Åhléns 奥伦斯

Åke Smedberg 阿克・斯梅德伯格

Älmhult 阿姆霍特

Anders Dahlvig 安德斯・代尔维格

Anders Lundh 安德斯・朗德

Anders Moberg 安德斯・莫伯格

Anna 安娜

Aspergersyndrome 阿斯伯格综合征

Bengt Larsson 本特・拉尔森

Bernard Furrer 伯纳德・富勒

Bertil Torekull 伯迪・托尔卡

Biltema 比尔泰玛

Bim Enström 毕姆・恩斯特龙

Birger Lund 伯杰・伦德

Björn Bayley 比约恩・贝利

Blåsippan 布拉斯潘

Böllsö 波尔索

Borneo 婆罗洲

Bosse 博斯

Bosse Ahlsen 博斯・埃尔森

British Kingfisher Group 英国翠丰集团

Brent Park 布伦特公园

Bruno Winborg 布鲁诺・温伯格

Calle Pettersson 凯尔・佩特森

Cancer Foundation of Betra Kamprad 贝塔・坎普拉德癌症基金会

Carin Boye 卡琳・博耶

Carina Bengs 卡瑞纳・本司

Christoph Thies 克里斯多夫・蒂斯

Cristina Stenbeck 克里斯蒂娜・斯坦贝克

Curacao 库拉索

Dagens Nybeter《每日新闻》

Dalarna 达拉那郡

Dan Persson 丹・培尔森

David Hood 大卫・胡德

Dihult 迪霍特

Elmtaryd 埃姆瑞特

Expressen《瑞典快报》

Falsterbo 法尔斯特布

Feodor 费奥多

Gävle 耶夫勒

Girab Stark 吉拉伯・斯塔克

Göran Carstedt 戈兰・卡斯塔德

Göran Grosskopf 戈兰・格罗斯科普夫

Göran Lindahl 戈兰・林达尔

Göran Nilsson 戈兰・尼尔森

Göran Stark 戈兰・斯塔克

Göran Ydstrand 戈兰・耶兹特兰德

Gordon Gekko 戈登・格柯

Gustavian 古斯塔夫斯

Gunnar Korsell 贡纳・克瑟尔

Håkan Eriksson 哈肯・埃里克森

Håkan Frisinger 哈肯・弗里辛格

Hamburg 汉堡

Hans Ax 汉斯・艾克斯

Hans Gydell 汉斯・莱德尔

Hans Skallin 汉斯・斯卡林

Hans-Åke Persson 汉斯–阿克・佩尔松

Hans-Göran Stennert 汉斯–戈兰・斯腾纳特

Haparanda 哈帕兰达

Helsinhborg 赫尔辛堡

Henrik Elm 亨里克 · 艾尔姆

Hessian 黑森

Humblebæk 哈姆博柏克

IKEA GreenTech AB 宜家绿能科技公司

INGKA Holding B.V.英格卡控股有限公司

Ingvar Kamprad and His IKEA：*A Swedish Saga*《英瓦尔 · 坎普拉德和他的宜家》

IOS 瑞典宜家总部

Irene 艾琳

Jack Welch 杰克 · 威尔士

Jacob Wallenberg 雅各布 · 瓦伦贝格

Jan Ekman 伊安 · 艾克曼

Jan Falck 伊安 · 法尔克

Jan Kjellman 简 · 柯杰尔曼

Jan-Eric Engqvist 简–埃里克 · 恩奎斯特

Jeanette Söderberg 珍妮特 · 索德伯格

Jeff Immelt 杰夫 · 伊梅尔特

Joachim Stickel 乔吉姆 · 斯蒂克尔

Johan Stenebo 约翰 · 斯特内博

Jonas Kamprad 乔纳斯 · 坎普拉德

Jorgen Svensson 乔根 · 斯文森

Josephine Rydberg-Dumont 约瑟芬 · 里德贝格–杜蒙

Julie Desrosiers 朱莉 · 德罗齐埃

Kållered 卡勒瑞德

Kallocain《卡拉凯恩》

Karelia 卡累利阿

Karin Boye 卡琳・博耶

Karl Johan Persson 卡尔・约翰・佩尔松

Kerry Molinaro 克莉・莫利纳罗

Kerstine 克斯廷

K-G Bergström 伯格斯特龙

Kinnevik 金纳威克

Kjell-Åke 凯利・艾克

Kölles Gård 柯勒斯庄园

Kota Kinabalu 亚庇

Kungens Kurva 昆根斯库瓦

Leeds 利兹

Leif Sjöö 利夫・斯尔

Lennart Ekdal 伦纳特・埃克达尔

Lennart Dahlgren 伦纳特・达尔格伦

Lennart Ekmark 伦纳特・埃克马克

Lennart Eriksson 伦纳特・埃里克森

Luleå 律勒欧

Lund Technical University 隆德技术大学

Malardalen 梅拉达伦

Maliau Basin 马廖盆地

Marcus 马库斯

Marianne Barner 玛丽安・巴尔纳

Marika Ramping 玛丽卡・兰姆萍

Mathias Kamprad 马赛厄斯・坎普拉德

Mia Brunell Livfors 米亚・布鲁内尔・利夫福士

Midlands 英国中部

Mikael Ohlsson 迈克尔・奥尔森

Minneapolis 明尼阿波利斯

Möckenln 莫肯

Newcastle 纽卡斯尔

Neterhlands Antilles 荷属安的列斯

Nottingham 诺丁汉

Oresund 厄勒

Per Hahn 佩尔・哈恩

Per Karlsson 佩尔・卡尔松

Pernille Lopez 佩妮莱・洛佩兹

Peter Kamprad 彼得・坎普拉德

Petra Hesser 佩特拉・海瑟

Raclette-cheese 拉克雷特芝士

Rambo 兰博

Reefat el Sayed 里法特・萨义德

Ronny 罗尼

Sabah 沙巴

Sari Brody 莎莉・布罗迪

Schnelsen 斯尼尔森

Skane 斯科讷

Småland 斯莫兰

Sören Hansen 索仁・汉森

Staffan Jeppsson 斯塔夫・杰普森

Stefan Persson 斯蒂芬・佩尔松

Stichtings 斯地廷基金会

Stora Enso 斯道拉恩索

Susanne Bergstrand 苏珊娜・伯格斯特兰

Sven-Olof Kulldorff 斯文–奥洛夫・库尔多夫

Svenska Dagbladet 瑞典日报

Taiga 泰加

Target 塔吉特

The Muppet Show《大青蛙布偶秀》

Thomas Bergmark 托马斯・贝里马克

Thomas Byström 托马斯・比斯特龙

Thomas Sjöberg 托马斯・斯伯格

Thurrock 瑟罗克

Tibro 蒂布鲁

Tina Pettersson-Lind 蒂娜・彼得森・林德

Tommy Karlman 汤米・卡尔曼

Torbjörn Lööf 索比扬・洛夫

Tranas 特拉纳斯

University of Forestry in Umeå 于默奥林业大学

Upperlands Väsby 乌普兰斯韦斯比

Uppsala 乌普萨拉

Växjö 韦克舍

Wallau 瓦劳

Warren Buffet 沃伦・巴菲特

Warrington 沃灵顿

Wembley 温布利

Zloty 兹罗提